RICOTTA: RECEPTŲ KNYGA SU ŽYMIAUSIU ITALIŠKU SŪRIU

100 ŠVIEŽIŲ, ŠILKINIŲ IR ATLIEKIŲ RECEPTŲ

Orestas Abrutis

Autorių teisių medžiaga © 2023 m

Visos teisės saugomos

Be tinkamo rašytinio leidėjo ir autorių teisių savininko sutikimo ši knyga negali būti naudojama ar platinama jokiu būdu, forma ar forma, išskyrus trumpas citatas, naudojamas apžvalgoje. Ši knyga neturėtų būti laikoma medicininių, teisinių ar kitų profesionalių patarimų pakaitalu.

TURINYS

TURINYS 3
ĮVADAS 8
PUSRYČIAI 9
   1. Acharuli chachapuri 10
   2. Pusryčiai Tiramisu 14
   3. Mini Ricotta spurgos, įdarytos Nutella 16
   4. Sūrūs špinatų blyneliai 18
   5. Pusryčių sūrio pyragas 21
UŽKARTAI 24
   6. Špinatų ir artišokų kepsnių suktinukai 25
   7. Pikantiški fetos-špinatų ratukai 27
   8. Ricotta and Peach Crostini 30
   9. Saliamis ir artišokas Crostini 32
   10. Crostini alla Carnevale 34
   11. Ricotta sūrio sausainiai 36
MAkaronai 38
   12. Padažyta lazanija 39
   13. Cukinijų makaronai su vištiena ir brokoliais 42
   14. Pesto graikinių riešutų makaronai 44
   15. Pesto lazanija 47
   16. Lazanija Alfredo 50
   17. Kepta penė su kalakutienos kukuliais 52
   18. Sumaišyti gėlių ir sūrio ravioliai 54
   19. Kiaulpienių lazanija 56
   20. Kreolinė lazanija 59

21. Masono stiklainis lazanija 62
22. Moliūgų ir šalavijų lazanija su fontina 65
23. Moliūgų gnocchi su pancetta 68
24. Kaštonai ir saldžiosios bulvės Gnocchi 71
25. Makaronų suktinukai su kreminiu pomidorų padažu 75
26. Laukinių ir egzotiškų grybų lazanija 78
27. Prosciutto įdaryti makaronų suktinukai 81
28. Špinatų ir rikotos įdaryti kriauklės 84
29. Ravioli sultinio sriuba su dešra ir kopūstais 86
30. Butternut Skvošo lazanija 88

PICA, PITA IR FOCACCIA 90

31. Parmezano ir rikotos pica 91
32. Rikotos, šoninės ir rukolos keptuvės pica 93
33. Focaccia-vegetariška 95
34. Kreminė itališka pita 97
35. Pica Velykoms 99
36. Ant grotelių kepta Baltoji pica su Soppressata 101
37. Melanzane pica 103
38. Toskanos stiliaus mėsos kukulių paplotėlis 105
39. Buricotta su Peperonata ir raudonėliais 107
40. Toskanos stiliaus mėsos kukulių paplotėlis 109

KANOLĖ 111

41. Šokoladinis sūrio pyragas be kepimo 112
42. Baileys cannoli 114
43. Oro gruzdintuvė Cannoli 116
44. Cannoli su rikotos įdaru 119
45. Pistacijos ir pabarstukai Cannoli 121
46. Marsala Wine Cannoli 124

47. Apelsinų kanoliukai 126

48. Oranžinė Curaçao Cannoli 129

49. Amaretto Cannoli 133

50. Cannoli alla siciliana 135

51. Cannoli kreminė pica 138

52. Cannoli pyragas 140

53. Cannoli vaikams 142

54. Cannoli lukštai ir įdaras 144

55. Cannoli užkandžiai 146

56. Šokoladinės kanolės 148

57. Šokoladu padengtos kanolės 151

58. Šokoladinės pistacijos cannolis 153

59. Neriebios kanolės su aviečių padažu 155

60. Glazūruotos vyšnių cannoli 158

61. Wonton cannoli 161

62. Cannoli Gelato 164

GRINDINYS 167

63. Žolelių polenta tortas su špinatais, grybais ir rikota 168

64. Česnakinės Florencijos saldžiosios bulvės 171

65. Burokėlių ir miežių rizotas 173

66. Vištienos, mėlynių, rikotos ir braškių salotos 176

67. Karčiai saldžios granatų salotos 178

68. Ricotta su lapiniais kopūstais, granatais ir kaštonais 180

69. Rikotos įdaryti kriauklės 182

70. Rikota ir špinatais įdaryta vištiena 184

71. Rikotos ir grybų įdaryti lukštai 186

72. Rikotos ir pesto įdaryta vištiena 188

FONDIJAS IR DIPAI 190

73. Brick Cheese Dip 191

74. Fetos ir rikotos sūrio fondiu 193

75. Brick Cheese Dip 195

76. Plakta anakardžių rikota 197

77. Citrininis Ricotta Dip 199

78. Pomidorų rikotos padažas 201

79. Skrudintos raudonosios paprikos ir rikotos padažas 203

80. Žolelių Ricotta Dip 205

81. Medaus cinamono Ricotta Dip 207

DESERTAS 209

82. Itališkas artišokų pyragas 210

83. Kreminis rikotos pyragas 213

84. Rožių pieno pyragas 215

85. Sūrio pyragas 217

86. Ricotta Gelato 219

87. Ricotta gelato su gervuogių padažu 221

88. Žolelių pyragas 224

89. Burekas 227

90. Mutabbaq 230

91. Citrinų uogų tiramisu 233

92. Apelsinų kvapo tiramisu 235

93. Šeimos mėgstamiausias tiramisu 237

94. Hershey's Silky kakavinis kremas 239

95. Nutella pudingas 241

96. Šaldytas figų sūrio pyragas 243

97. Elzaso sūrio pyragas 246

98. Viduržemio jūros sūrio pyragas 248

99. Itališkas artišokų pyragas 251

100. Rikotos ir pomidorų pyragas 254

IŠVADA 256

ĮVADAS

Ricotta sūris yra kreminis ir skanus ingredientas, kurį galima naudoti įvairiuose receptuose. Pagaminta iš išrūgų, likusių gaminant sūrį, rikota yra puikus baltymų šaltinis ir gali būti naudojamas tiek saldžiuose, tiek pikantiškuose patiekaluose. Nuo lazanijos iki sūrio pyrago yra daug būdų, kaip naudoti šį universalų sūrį. Šioje knygoje išnagrinėsime kai kuriuos geriausius rikotos sūrio receptus, kuriuos galite pasigaminti namuose

PUSRYČIAI

1. **Acharuli chachapuri**

Gamina: 6

INGRIDIENTAI
TEŠLA
- 2 puodeliai / 250 g duonos miltų
- 1½ šaukštelio greitai kylančių aktyvių sausų mielių
- 1 didelis laisvai laikomas kiaušinis, sumuštas
- ½ puodelio / 110 g graikiško jogurto
- ¼ puodelio / 60 ml drungno vandens
- ½ šaukštelio druskos

UŽPILDYMAS
- 1½ uncijos / 40 g halloumi sūrio, supjaustyto ¼ colio / 0,5 cm kubeliais
- 2 šaukštai / 20 g trupinto fetos sūrio
- ¼ puodelio / 60 g rikotos sūrio
- ¼ puodelio / 60 g rikotos sūrio
- ¼ šaukštelio maltų juodųjų pipirų
- ⅛ šaukštelio druskos ir papildomai pabaigai
- ½ šaukštelio kapotų čiobrelių ir papildomai pabarstyti
- ½ šaukšto za'atar
- nutarkuota ½ citrinos žievelės
- 6 dideli laisvai laikomi kiaušiniai
- alyvuogių aliejaus, patiekti

INSTRUKCIJOS

a) Pradėkite nuo tešlos. Miltus persijokite į didelį dubenį ir suberkite mieles. Lengvai išmaišykite. Centre padarykite duobutę ir supilkite pusę kiaušinio (kitą pusę pasilikite, kad vėliau suktinukus apteptumėte), jogurtą ir drungną vandenį. Aplink šulinį pabarstykite druska.

b) Pradėkite maišyti, jei reikia, įpilkite šiek tiek daugiau vandens (ne daug; ši tešla turi būti sausa), kol viskas susimaišys į šiurkščią tešlą. Perkelkite ant darbinio paviršiaus ir minkykite rankomis 10 minučių, kol gausite minkštą, elastingą, nelipnią tešlą. Tešlą grąžinkite į dubenį, uždenkite rankšluosčiu ir palikite kambario temperatūroje, kol padvigubės, 1–1,5 valandos.

c) Dar kartą minkykite, kad išstumtumėte orą. Padalinkite tešlą į 6 lygias dalis ir kiekvieną susukite į rutulį. Padėkite ant lengvai miltais pabarstyto paviršiaus, uždenkite rankšluosčiu ir leiskite pakilti 30 minučių.

d) Norėdami paruošti įdarą, sumaišykite visus ingredientus, išskyrus kiaušinius ir alyvuogių aliejų, ir gerai išmaišykite. Įdėkite kepimo skardą į orkaitę ir įkaitinkite iki 425°F / 220°C.

e) Ant gerai miltais pabarstyto paviršiaus iškočiokite tešlos rutuliukus į 6½ colio / 16 cm skersmens ir maždaug 2 mm storio apskritimus. Tai galite padaryti su kočėlu arba tempdami jį rankomis.

f) Ant kiekvieno apskritimo centro uždėkite maždaug šeštadalį sūrio įdaro ir šiek tiek paskleiskite į kairę ir į dešinę, kad jis beveik pasiektų du apskritimo kraštus. Paimkite dešinę ir kairę puses tarp pirštų ir šiek tiek tempdami tešlą suimkite, kad susidarytumėte pailgą, valties formos tešlą su sūriu centre. Ištiesinkite šonines sieneles ir stenkitės, kad jos būtų bent 1¼ colio / 3 cm aukščio ir pločio, kad centre būtų pakankamai vietos sūriui ir visam kiaušiniui, kuris bus pridėtas vėliau, laikyti. Dar kartą suimkite galus, kad jie neatsidarytų gaminant.

g) Aptepkite suktinukus likusia puse kiaušinio ir padėkite ant kepimo skardos dydžio kepimo popieriaus lakšto. Ant suktinukų pabarstykite šiek tiek čiobrelių lapelių. Išimkite kepimo skardą iš orkaitės, ant keptuvės greitai sudėkite pergamentą ir suktinukus, o skardą tiesiai įdėkite atgal į orkaitę. Kepkite 15 minučių, kol kraštai įgis auksinės spalvos.

h) Išimkite kepimo skardą iš orkaitės. Į nedidelį puodelį sumuškite kiaušinį. Jo nesulaužydami pirštais švelniai pakelkite trynį ir padėkite į vieno vyniotinio centrą. Supilkite tiek kiaušinio baltymo, kiek tilps, tada pakartokite su likusiais kiaušiniais ir suktinukais. Nesijaudinkite, jei kiaušinio baltymas išsiliejo; visa tai yra kaimiško žavesio dalis. Grąžinkite keptuvę į orkaitę ir kepkite 5 minutes. Kiaušinių baltymai turi sustingti, o tryniai likti skysti. Prieš apšlakstydami alyvuogių aliejumi, leiskite atvėsti 5 minutes, pabarstykite druska ir patiekite.

2. Pusryčiai Tiramisu

Gamina: 2

INGRIDIENTAI:
- ¾ puodelio rikotos, nenugriebto pieno arba lieso pieno
- 1 valgomasis šaukštas granuliuoto baltojo cukraus
- ¼ arbatinio šaukštelio gryno vanilės ekstrakto
- 8 traškūs moteriški piršteliai
- ¾ puodelio espreso arba stiprios juodos kavos
- ¼ puodelio susmulkinto pusiau saldaus šokolado
- Šviežios uogos

INSTRUKCIJOS:

a) Nedideliame dubenyje išsukite rikotą su cukrumi ir vanilės ekstraktu. Paragaukite ir, jei reikia, pridėkite daugiau cukraus ir/arba vanilės.

b) Įdėkite espreso į didelį negilų dubenį.

c) Į kiekvieną dubenį įdėkite apie 2 šaukštus rikotos mišinio. Pabarstykite trupučiu šokolado ir keliomis uogomis. Panardinkite pirštus į kavą ir padėkite po 2 pirštelius į kiekvieną dubenį. Pakartokite sluoksnius: sūris, šokoladas, uogos ir piršteliai.

d) Kiekvieną dubenį uždenkite plastikine plėvele ir padėkite į šaldytuvą mažiausiai keturioms – šešioms valandoms, kad sluoksniai susimaišytų. Patiekite šaltą.

3. Mini rikotos spurgos, įdarytos Nutella

Padaro: apie 24 spurgos

INGRIDIENTAI:
- rapsų aliejus (skrudinimui)
- ¾ puodelio universalių miltų
- 2 arbatinius šaukštelius kepimo miltelių
- ¼ arbatinio šaukštelio druskos
- 1 puodelis rikotos sūrio
- 2 dideli kiaušiniai
- 2 šaukštai granuliuoto cukraus
- 2 arbatiniai šaukšteliai vanilės ekstrakto
- ½ puodelio Nutella
- Cukraus pudra (nebūtina)

INSTRUKCIJOS:
a) Nedideliame dubenyje sumaišykite miltus, kepimo miltelius ir druską; atidėti.
b) Dideliame dubenyje sumaišykite rikotos sūrį, kiaušinius, cukrų ir vanilę. Įpilkite sausų ingredientų ir maišykite, kol gerai susimaišys.
c) Supilkite rapsų aliejų į gilų, storadugnį puodą, maždaug 1½ colio gylio. Įkaitinkite aliejų iki maždaug 370 ° F, naudodami kepimo termometrą.
d) Švelniai įmeskite į aliejų šaukšto dydžio tešlos rutuliukus ir sklandžiai numeskite, kad gautumėte kuo apvalesnį rutulį. Kepkite po 4–5, retkarčiais apversdami iki auksinės spalvos, 3–4 minutes. Žnyplėmis perkelkite spurgas ant popierinio rankšluosčio, kad nuvarvėtų. Kartokite, kol tešla baigsis. Leiskite spurgoms atvėsti, kol jas bus lengva tvarkyti.
e) Perkelkite Nutella į švirkštą arba maišelį su ilgu smailiu galu. Gali būti naudinga pirmiausia „Nutella" pašildyti mikrobangų krosnelėje maždaug 30 sekundžių. Spurgose padarykite nedidelę skylutę, tada įkiškite švirkštą ir užpildykite Nutella. Kiekiai skirsis, tačiau turėtumėte gerai pajausti, kiek Nutella įdedama į kiekvieną. Pakartokite su visomis spurgomis.
f) Jei norite, pabarstykite cukraus pudra ir patiekite.

4. Sūrūs špinatų blyneliai

Padaro: 4 porcijos

INGRIDIENTAI:
- 3 Kiaušiniai
- 1 puodelis Pieno
- 1 valgomasis šaukštas lydyto sviesto
- ¾ puodelio universalių miltų
- ¼ arbatinio šaukštelio druskos
- 2 puodeliai Shredded Havarti, Šveicarijos ARBA
- Mocarelos sūris, padalintas
- 2 puodeliai varškės ARBA rikotos sūrio
- ¼ puodelio tarkuoto parmezano sūrio
- 1 Kiaušinis, šiek tiek pamuštas
- 10 uncijų pakelis šaldytų kapotų špinatų
- 300g, atšildyti ir išspausti sausai
- ¼ arbatinio šaukštelio druskos
- ⅛ arbatinio šaukštelio pipirų
- 1½ puodelio pomidorų padažo

INSTRUKCIJOS:
KREIPĖMS:
a) Sumaišykite ingredientus trintuve arba virtuvės kombainu 5 sekundes.
b) Nubraukite šonus ir plakite tešlą 20 sekundžių ilgiau. Uždenkite ir palikite pastovėti mažiausiai 30 minučių.
c) Ant vidutinės ugnies įkaitinkite 8 colių nepridegančią keptuvę. Patepkite tirpintu sviestu. Išmaišykite tešlą. Į keptuvę supilkite apie 3 šaukštus tešlos ir greitai apverskite keptuvę, kad pasidengtų dugnas. Kepkite, kol dugnas šiek tiek paruduos, maždaug 45 sekundes. Pasukite Crêpe su mentele ir kepkite apie 20 sekundžių ilgiau.
d) Perkelkite į lėkštę. Pakartokite su likusia tešla, prieš kepdami kiekvieną blynelį, keptuvę sutepdami trupučiu lydyto sviesto. Padaro: 10–12 blynelių. Pasirinkite 8 blynelius.

UŽPILDYMUI:
e) Rezervuokite ½ puodelio Havarti sūrio. Sumaišykite likusius ingredientus. Ant kiekvieno blynelio uždėkite ½ puodelio sūrio įdaro ir susukite.
f) Sudėkite siūlę žemyn į riebalais išteptą 13x9 colių kepimo formą. Ant viršaus užpilame pomidorų padažo. Pabarstykite rezervuotu Havarti sūriu. Kepkite 375 F orkaitėje nuo 20 iki 25 minučių arba kol įkais.

5. Pusryčių sūrio pyragas

Išeiga: 1 porcija

Ingredientas
- Tešla 9 colių pyragui; Naudokite pagrindinę pyrago plutą
- 8 uncijos šveicariško arba Jarlsberg sūrio; supjaustyti gabaliukais
- 1 svaras Ricotta sūrio
- 3 Kiaušiniai
- 1 vidutinio svogūno; smulkiai sukapoti
- 2 skiltelės česnako; prispaustas
- ½ arbatinio šaukštelio baltųjų pipirų
- 2 vidutinio dydžio prinokusių pomidorų; nulupti ir smulkiai supjaustyti
- 1 arbatinis šaukštelis aukščiausios kokybės pirmojo spaudimo alyvuogių aliejaus
- 1 valgomasis šaukštas Šviežių pjaustytų česnakų
- 1 valgomasis šaukštas kapotų petražolių
- 1 arbatinis šaukštelis kapotų šviežių čiobrelių; (neprivaloma)
- 1 arbatinis šaukštelis susmulkinto šviežio baziliko; (neprivaloma)

Kryptys
a) Įkaitinkite orkaitę iki 450 laipsnių. Naudokite 9 colių x 1 colio pyrago skardą su nuimamu dugnu. Gerai apipurkškite kepimo purškalu arba gausiai sutepkite.
b) Paspauskite tešlą, kad ji tilptų į skardą. Apkarpykite sklandžiai maždaug 1 coliu už keptuvės krašto, tada sulenkite atgal per kraštą ir suspauskite, kad susidarytų patrauklus ir tvirtas rievėtas kraštas. Išklokite skardą aliuminio folija, kurią iš abiejų pusių apipurškėte kepimo purkštuvu, tada į foliją įdėkite 8 arba 9 colių stiklinę pyrago formą.
c) Apverskite surinkimą aukštyn kojomis ant sausainių skardos ir kepkite 9 minutes. Išimkite keptuvę iš orkaitės, apverskite ir nuimkite pyrago plokštę bei foliją.
d) Grąžinkite į orkaitę ir kepkite 5 minutes ilgiau. Išimkite iš orkaitės ir atidėkite į šalį. Nuleiskite orkaitės temperatūrą iki 350 laipsnių. Blenderyje arba virtuvės kombaino darbiniame dubenyje sumaišykite Jarlsberg, rikotą, kiaušinius, svogūną, česnaką ir pipirus.
e) Sukite iki vientisos masės ir gerai susimaišys. Tolygiai supilkite į iškeptą lukštą, padėkite skardą ant sausainių skardos. Kepkite 25–30 minučių, kol įdaras iš dalies sustings. Tuo tarpu pomidorų skilteles nusausinkite ant popierinio rankšluosčio. Išimkite tortą iš orkaitės.
f) Ant viršaus aplink kraštą išdėliokite pomidorų griežinėlius. Grąžinkite į orkaitę ir kepkite 30–35 minutes, kol į centrą įkištas peilis išeis švarus. Pomidorus aptepkite alyvuogių aliejumi, pabarstykite šviežiomis žolelėmis. Leiskite pastovėti 20 minučių. Nuimkite pyrago formos šonus paspausdami aukštyn nuimamą dugną.
g) Padėkite ant apvalios lėkštės, papuoškite šviežiomis žolelėmis ir patiekite.

UŽKARTAI

6. Špinatų ir artišokų kepsnių suktinukai

INGRIDIENTAI
- 1 svaro šoninis kepsnys
- 1 15,5 uncijos. gali artišokų širdelės, nusausintos ir susmulkintos
- 2 c. kūdikių špinatų, susmulkintų
- 2 skiltelės česnako, susmulkintos
- 1 c. rikota
- 1/2 c. susmulkintas baltas Čedaras
- košerinė druska
- Šviežiai malti juodieji pipirai

Nurodymai:
a) Įkaitinkite orkaitę iki 350°. Ant pjaustymo lentos padėkite drugelio kepsnį, kad jis būtų ilgas stačiakampis, kuris būtų plokščias.

b) Vidutiniame dubenyje sumaišykite artišokus, špinatus, česnaką, rikotą ir čederį ir gausiai pagardinkite druska ir pipirais.

c) Užtepkite kepsnį su špinatų-artišokų padažu. Tvirtai susukite kepsnį, tada supjaustykite gabalėliais ir kepkite, kol kepsnys iškeps iki norimo iškepimo, 23–25 min. Patiekite su padažytais žalumynais.

7. Pikantiški fetos-špinatų ratukai

Padaro: 10 porcijų

INGRIDIENTAI:
- 5 stiklinės universalių miltų
- 1½ šaukštelio druskos
- 2 šaukštai Kepimo milteliai
- ½ puodelio tarkuoto parmezano sūrio
- ½ arbatinio šaukštelio juodųjų pipirų
- 1½ arbatinio šaukštelio džiovinto baziliko
- 8 uncijos šalto sviesto; supjaustyti nedideliu gabalėliu
- 1¾ puodelio riebios grietinėlės
- 2 Kiaušiniai; sumuštas
- ½ svaro trupinto fetos sūrio; nusausintas
- 1½ puodelio Ricotta sūrio
- ½ arbatinio šaukštelio džiovintų krapų
- ½ arbatinio šaukštelio juodųjų pipirų
- 24 uncijos šaldytų kapotų špinatų; atšildyti ir išspausti
- 2 Kiaušiniai; sumuštas

INSTRUKCIJOS:

a) Įkaitinkite orkaitę iki 375 laipsnių. Virtuvės kombainu sumaišykite miltus, druską, kepimo miltelius, parmezaną, pipirus ir baziliką.

b) Įpilkite sviesto ir pulsavimo procesoriaus, kol mišinys taps panašus į kukurūzų miltų tekstūrą.

c) Įpilkite grietinėlės ir 2 kiaušinius ir išmaišykite, kad susimaišytų. Išimkite tešlą ir iškočiokite ant lengvai miltais pabarstyto paviršiaus iki maždaug ½ colio storio.

d) Norėdami pagaminti įdarą, sumaišykite fetą, rikotą, krapus, pipirus ir špinatus mikseriu arba virtuviniu kombainu. Tešlos stačiakampį tolygiai paskirstykite įdaru.

e) Pradėdami nuo ilgojo krašto, iškočiokite tešlą ant įdaro. Supjaustykite iškočiotą tešlą į 2 colių ilgio gabalus ir padėkite ratukus ant lengvai riebalais išteptos kepimo skardos.

f) Įmuškite du kiaušinius ir lengvai aptepkite kiekvieną ratuką. Kepkite 25-35 minutes, kol šviesiai paruduos. Padaro 10 ratukų.

8. Ricotta ir persikų Crostini

Gamintojas: 16

INGRIDIENTAI:
- 16 batono griežinėlių
- 4 uncijos plonai pjaustytos pancetta
- ¼ puodelio plonais griežinėliais pjaustyto baziliko
- 1 puodelis nenugriebto pieno rikotos
- 2 dideli persikai, plonais griežinėliais
- 2 šaukštai alyvuogių aliejaus
- 1 valgomasis šaukštas medaus
- ¼ puodelio balzamiko glaisto

INSTRUKCIJOS:
a) Lengvai apšlakstykite alyvuogių aliejumi ant abiejų duonos pusių, tada atidėkite.
b) Įkaitinkite grilį.
c) Kepkite duoną ant grotelių, kol ji taps auksinė ir traški, maždaug 1–2 minutes kiekvienoje pusėje.
d) Padėkite į šalį.
e) Mažoje keptuvėje ant vidutinės ugnies kepkite pancetą 3–4 minutes arba tol, kol ji pradės traški.
f) Pancetta reikia apversti ir virti iki traškumo.
g) Perkelkite į lėkštę, padengtą popieriniais rankšluosčiais, tada leiskite atvėsti.
h) Mažame dubenyje sumaišykite rikotą ir medų.
i) Batono riekelę ištepkite vienu šaukštu rikotos mišinio.
j) Tęskite su likusia duona.
k) Į kiekvieną duonos gabalėlį įdėkite keletą persikų griežinėlių, tada tolygiai paskirstykite pancetta tarp crostini.
l) Aptepkite crostini balzamiko glaistu ir ant viršaus uždėkite baziliku.

9. Saliamis ir artišokas Crostini

Gamina: 24 crostini

INGRIDIENTAI:
- 1 batonas supjaustytas ¼ colio griežinėliais
- alyvuogių aliejus
- 2 puodeliai rikotos sūrio
- 10 plonų saliamio griežinėlių supjaustyti ketvirčiais
- 12 uncijų galima marinuoti artišokų širdeles, supjaustytas
- druskos ir pipirų pagal skonį

INSTRUKCIJOS

a) Nustatykite orkaitę iki 425 laipsnių pagal Farenheitą.
b) Kepimo skardai iškloti naudokite silikoninius kepimo kilimėlius arba pergamentinį popierių.
c) Prieš dėdami ant kepimo skardos, kiekvieną duonos riekelę sutepkite plonu alyvuogių aliejaus sluoksniu.
d) Kepkite duoną orkaitėje apie 5 minutes, kol ji gražiai apskrus.
e) Išimkite iš orkaitės ir visiškai atvėsinkite.
f) Kiekvieną duonos riekelę patepkite rikotos sūriu, pagardinkite druska ir pipirais, o tada uždėkite saliamio ir kapotų artišokų širdelių.

10. Crostini alla Carnevale

Gamintojas: 16

INGRIDIENTAI:
- 16 plonų batono griežinėlių, supjaustytų įstrižai
- 2 šaukštai aukščiausios kokybės pirmojo spaudimo alyvuogių aliejaus
- 3 skiltelės česnako, susmulkintos, padalintos
- 4 uncijos rikotos sūrio
- 4 uncijos švelnaus Asiago, Jack arba fontina sūrio, supjaustyto kubeliais
- 6-8 vyšniniai pomidorai, supjaustyti ketvirčiais
- 2 šaukštai kapotų skrudintų raudonųjų pipirų
- 2 šaukštai bazilikų pesto

INSTRUKCIJOS:
a) Iš anksto pašildykite broilerį.
b) Į dubenį įmeskite batono riekeles su alyvuogių aliejumi ir išdėliokite vienu sluoksniu kepimo inde arba ant kepimo skardos. Skrudinkite po broileriu apie 5 minutes arba iki šviesiai auksinės spalvos. Išimkite ir išmeskite skrebučius su puse česnako. Atidėti.
c) Nedideliame dubenyje sumaišykite likusį česnaką su rikotos sūriu, Asiago, vyšniniais pomidorais, pipirais ir pesto.
d) Ant kiekvieno skrebučio užpilkite didelį šaukštą įdaro. Išdėliokite ant kepimo skardos ir pakiškite po broileriu, kol sūris išsilydys ir sustings, o skrebučio kraštai taps traškūs ir rudi.

11. Ricotta sūrio sausainiai

Išeiga: 5-8 porcijos

Ingridientai
- ½ svaro margarino
- 2 Kiaušiniai
- 1 svaras Ricotta sūrio
- 2 puodeliai Cukrus
- 1 arbatinis šaukštelis Kepimo milteliai
- 1 arbatinis šaukštelis Kepimo soda
- 4 puodeliai Miltų
- 2 arbatiniai šaukšteliai vanilės arba citrinos ekstrakto
- ¼ arbatinio šaukštelio muskato riešuto

Kryptys
a) Sutrinkite sviestą ir cukrų, tada supilkite ekstraktą. Įmuškite kiaušinį po vieną, gerai išplakdami kiekvieną kartą. Suberkite sūrį ir plakite 1 min.
b) Lėtai sudėkite sausus ingredientus. Dėkite po šaukštelius ant neteptos sausainių skardos. Kepkite 350° temperatūroje 12-15 minučių.
c) Išverskite ant grotelių, kad atvėstų ir, jei norite, pabarstykite cukraus pudra.

MAkaronai

12. **Saldi lazanija**

Gamina: 4

INGRIDIENTAI:
- 1 ½ svaro trupintos aštrios itališkos dešros
- 5 puodeliai parduotuvėje pirkto spagečių padažo
- 1 puodelis pomidorų padažo
- 1 arbatinis šaukštelis itališkų prieskonių
- ½ puodelio raudonojo vyno
- 1 valgomasis šaukštas cukraus
- 1 valgomasis šaukštas aliejaus
- 5 malto česnako pirštinės
- 1 kubeliais pjaustytas svogūnas
- 1 puodelis tarkuoto mocarelos sūrio
- 1 puodelis susmulkinto provolono sūrio
- 2 puodeliai rikotos sūrio
- 1 puodelis varškės
- 2 dideli kiaušiniai
- ¼ puodelio pieno
- 9 makaronai lazanijos makaronai – plikyti
- ¼ puodelio tarkuoto parmezano sūrio

INSTRUKCIJOS:

a) Įkaitinkite orkaitę iki 375 laipsnių pagal Farenheitą.

b) Keptuvėje 5 minutes pakepinkite sutrupėjusią dešrą. Bet kokį tepalą reikia išmesti.

c) Dideliame puode sumaišykite makaronų padažą, pomidorų padažą, itališkus prieskonius, raudonąjį vyną ir cukrų ir gerai išmaišykite.

d) Keptuvėje įkaitinkite alyvuogių aliejų. Tada 5 minutes pakepinkite česnaką ir svogūną.

e) Į padažą įmaišykite dešrą, česnaką ir svogūną.

f) Po to puodą uždenkite ir palikite troškintis 45 minutes.

g) Maišymo inde sumaišykite mocarelos ir provolono sūrius.

h) Atskirame dubenyje sumaišykite rikotą, varškę, kiaušinius ir pieną.

i) 9 x 13 kepimo formoje į dugną supilkite 12 puodelių padažo.

j) Dabar kepimo inde trimis sluoksniais išdėliokite makaronus, padažą, rikotą ir mocarelą.

k) Ant viršaus užtepkite parmezano sūrio.

l) Kepame uždengtame inde 30 min.

m) Atidengę indą, kepkite dar 15 minučių.

13. Cukinijų makaronai su vištiena ir brokoliais

Gamina: 4

INGRIDIENTAI
- 3 ½ puodelio brokolių žiedynų, apipjaustytų
- 4 šaukštai alyvuogių aliejaus
- Košerinė druska
- Pipirų pagal skonį
- 1 svaras cukinijų makaronų, virtų
- ½ svaro vištienos krūtinėlės supjaustytos kubeliais
- ½ puodelio tarkuoto parmezano sūrio
- 1 valgomasis šaukštas sviesto
- 4 kupinų šaukštų rikotos

INSTRUKCIJOS:
a) Įkaitinkite orkaitę iki 425 °F
b) Brokolius sudėkite į kepimo indą
c) Sumaišykite brokolius su 3 šaukštais aliejaus, druska ir pipirais
d) Skrudinkite 15 minučių arba tol, kol brokoliai atrodys traškūs, bet ne visiškai rudi
e) Įdėkite likusius šaukštus aliejaus į didelę keptuvę ant vidutinės-stiprios ugnies
f) Ruda vištiena, sulaužyta šakute, kol iškeps, 5–7 minutes
g) Įjunkite šilumą iki didelės
h) Maišykite, kol skystis atrodys emulsuotas ir švelnus
i) Į keptuvę sudėkite cukinijų makaronus, parmezano sūrį ir sviestą
j) Sumaišykite su žnyplėmis, kol viskas tolygiai pasiskirstys, įpilkite daugiau vandens, kad prireikus atsilaisvintumėte
k) Padalinkite į 4 dubenėlius
l) Ant viršaus uždėkite traškių brokolių, tarkuoto parmezano sūrio ir rikotos sūrio

14. Pesto graikinių riešutų makaronai

Porcijos pagal receptą: 8

Ingridientai
- alyvuogių aliejus
- 2 svarai. švieži špinatai, išvalyti
- 2 svarai. neriebus rikotos sūris
- 4 didelės česnako skiltelės, supjaustytos kubeliais
- 1/2 arbatinio šaukštelio druskos
- Šviežiai maltų juodųjų pipirų pagal skonį
- 1/2 puodelio tarkuoto parmezano sūrio
- 1/3 puodelio kubeliais pjaustytų graikinių riešutų, lengvai paskrudintų
- 1 (24 oz.) stiklainio pomidorų padažas
- 16 šviežių, nevirtų lazanijos makaronų
- 1/2 svaro mocarelos, tarkuotos

Graikinių riešutų pesto:
- 3 puodeliai supakuotų šviežių baziliko lapelių
- 3 didelės skiltelės česnako
- 1/3 puodelio lengvai skrudintų graikinių riešutų
- 1/3 puodelio aukščiausios kokybės pirmojo spaudimo alyvuogių aliejaus
- 1/3 puodelio tarkuoto parmezano sūrio
- Druska ir pipirai pagal skonį
- Papildomas aukščiausios kokybės pirmojo spaudimo alyvuogių aliejus (laikymui)

Kryptys
a) Prieš darydami ką nors kita, nustatykite orkaitę iki 350 laipsnių F ir padenkite 13x9 colių troškinimo indą virimo purkštuvu.
b) Dėl pesto į virtuvinį kombainą suberkite baziliką, česnaką ir graikinius riešutus ir susmulkinkite, kol susmulkinsite. Varikliui veikiant lėtai, įpilkite aliejaus ir pulsuokite iki vientisos masės, supilkite į dubenį ir įmaišykite parmezaną, druską ir juoduosius pipirus.
c) Dideliame dubenyje sumaišykite varškę arba rikotos sūrį, pusę parmezano, pesto, špinatus, česnaką, graikinius riešutus, druską ir juoduosius pipirus.
d) Pusę pomidorų padažo dėkite į paruoštos kepimo formos dugną, o ant pomidorų padažo uždėkite 1 sluoksnį nevirtų lazanijos makaronų.
e) Ant makaronų uždėkite trečdalį špinatų mišinio, po to 1/3 mocarelos. Kartą pakartokite sluoksnius ir užbaikite su paskutiniu makaronų sluoksniu.
f) Uždenkite ir kepkite orkaitėje apie 35 minutes.
g) Atidenkite troškinimo indą, lazanijos viršų pabarstykite rezervuotu parmezano sūriu ir kepkite dar 15 minučių.

15. Pesto lazanija

Porcijos pagal receptą: 8

Ingridientai
- 1/4 puodelio pušies riešutų
- 3 puodeliai šviežių baziliko lapelių
- 3/4 puodelio tarkuoto parmezano sūrio
- 1/2 stiklinės alyvuogių aliejaus
- 4 skiltelės česnako
- 12 lazanijos makaronų
- kepimo purškalas
- 3 šaukštai alyvuogių aliejaus
- 1 puodelis susmulkinto svogūno
- 2 (12 uncijų) pakuotės šaldytų kapotų špinatų
- 3 skiltelės česnako, susmulkintos
- 3 puodeliai kubeliais pjaustytos virtos vištienos krūtinėlės
- 1 arbatinis šaukštelis druskos
- 1 arbatinis šaukštelis maltų juodųjų pipirų
- 2 puodeliai rikotos sūrio
- 3/4 puodelio tarkuoto parmezano sūrio
- 1 kiaušinis
- 2 puodeliai tarkuoto mocarelos sūrio

Kryptys

a) Prieš darydami ką nors kita, nustatykite orkaitę iki 350 laipsnių F ir padenkite 13x9 colių troškinimo indą virimo purkštuvu.

b) Į įkaitintą neprideganciią keptuvę ant vidutinės ugnies suberkite pušies riešutus ir dažnai maišydami kepkite apie 3 minutes arba kol apskrus.

c) Virtuviniu kombainu suberkite skrudintus pušies riešutus ir likusį pesto ingredientus, plakite iki vientisos masės ir palikite į šalį.

d) Lazanijai į didelę keptuvę su lengvai pasūdytu verdančiu vandeniu suberkite lazanijos makaronus ir virkite juos apie 8-10 minučių arba iki norimo paruduos, gerai nusausinkite ir palikite.

e) Didelėje keptuvėje ant vidutinės-stiprios ugnies įkaitinkite aliejų ir pakepinkite svogūną bei česnaką apie 5 minutes.

f) Suberkite špinatus ir kepkite apie 5 minutes.

g) Sudėkite vištieną ir kepkite apie 5 minutes, įberkite druskos ir juodųjų pipirų, nukelkite nuo ugnies ir leiskite atvėsti.

h) Dubenyje sumaišykite parmezaną, rikotą, kiaušinį, 1 1/2 puodelio pesto ir vištienos mišinį.

i) Likusį pesto tolygiai dėkite į paruošto troškinimo indo dugną ir viską apibarstykite 4 lazanijos makaronais.

j) Vieną trečdalį vištienos mišinio tolygiai uždėkite ant makaronų, po to – trečdalį mocarelos ir pakartokite sluoksnius du kartus.

k) Viską kepkite orkaitėje apie 35-40 minučių arba kol viršus taps auksinės rudos spalvos ir pasidarys burbuliukai.

16. **Alfredo lazanija**

Porcijos pagal receptą: 8

Ingridientai
- 1 (16 oz.) pakuotė lazanijos makaronų
- 2 šaukštai alyvuogių aliejaus
- 1 mažas svogūnas, susmulkintas
- 1 (16 oz.) pakuotė šaldytų kapotų špinatų, atšildytų
- 7 uncijos. bazilikų pesto
- 30 uncijų. Rikotos sūris
- 1 kiaušinis
- 1/2 arbatinio šaukštelio druskos
- 1/4 arbatinio šaukštelio maltų juodųjų pipirų
- 1/4 arbatinio šaukštelio malto muskato riešuto
- 2 stiklinės mocarelos sūrio, susmulkinto
- 9 uncijos. Alfredo stiliaus makaronų padažas
- 1/4 puodelio tarkuoto parmezano sūrio

Kryptys
a) Prieš darydami ką nors kita, nustatykite orkaitę iki 350 laipsnių.
b) Kepimo indą patepkite nepridegančiu purškalu arba aliejumi.
c) Paimkite dubenį, sumaišykite: išplaktus kiaušinius, muskato riešutą, pipirus, rikotą ir druską.
d) Virkite makaronus 9 minutes sūriame vandenyje. Pašalinkite visą skystį.
e) Špinatus ir svogūnus pakepinkite su alyvuogių aliejumi. Kol svogūnai suminkštės. Išjunkite ugnį, tada įpilkite pesto.
f) Sudėkite viską į patiekalą taip: makaronus, špinatus, rikotą, mocarelą. Tęskite, kol viskas bus panaudota. Papuoškite trupučiu parmezano.
g) Virkite 50 minučių. Nors uždengtas. Leiskite viskam pastovėti 10 minučių.

17. Kepta penė su kalakutienos kukuliais

Gamina: 4

INGRIDIENTAI:
- 1 svaras malta kalakutiena
- 1 didelė česnako skiltelė; malta
- ¾ puodelio šviežių duonos trupinių
- ½ stiklinės smulkiai supjaustyto svogūno
- 3 šaukštai pušies riešutų; skrudinta
- ½ puodelio maltų šviežių petražolių lapelių
- 1 didelio kiaušinio; lengvai sumuštas
- 1 arbatinis šaukštelis druskos
- 1 arbatinis šaukštelis juodųjų pipirų
- 4 šaukštai alyvuogių aliejaus
- 1 svaras Penne
- 1½ stiklinės stambiai tarkuoto mocarelos sūrio
- 1 puodelis Šviežiai tarkuoto Romano sūrio
- 6 puodeliai Pomidorų padažo
- 15 uncijų rikotos sūrio

INSTRUKCIJOS:
a) Dubenyje gerai išmaišykite kalakutieną, česnaką, duonos trupinius, svogūną, pušies riešutus, petražoles, kiaušinį, druską ir pipirus, suformuokite kotletus ir kepkite.
b) Išvirti makaronus
c) Mažame dubenyje sumaišykite mocarelą ir Romano. Į paruoštą patiekalą supilkite apie 1½ puodelio pomidorų padažo ir pusę kotletų, o ant viršaus uždėkite pusę makaronų.
d) Pusę likusio padažo ir pusę sūrio mišinio užtepkite ant makaronų. Ant viršaus uždėkite likusius kotletus ir ant kotletų užmeskite rikotos gabalėlius.
e) Kepkite penne orkaitės viduryje 30–35 minutes.

18. Maišyti gėlių ir sūrio ravioliai

Pagamina: 1 porcija

INGRIDIENTAI:
- 12 Wonton skinų
- 1 plaktas kiaušinis, kad užsandarintumėte raviolius
- 1 puodelis mišrių gėlių žiedlapių
- ⅓ puodelio Ricotta sūrio
- ⅓ puodelio Mascarpone sūrio
- 4 šaukštai kapotų bazilikų
- 1 valgomasis šaukštas kapotų česnakų
- 1 arbatinis šaukštelis kapotos kalendros
- ⅓ puodelio Minkštos kvietinės duonos, trupintos
- 1½ šaukštelio druskos
- ½ arbatinio šaukštelio raudonojo čili pastos
- 12 ištisų našlaičių

INSTRUKCIJOS:
a) Sumaišykite visus ingredientus, išskyrus visas našlaites. Norėdami paruošti, padėkite Wonton odą lygiai ant paviršiaus.
b) Įdėkite ½ arbatinio šaukštelio įdaro į Wonton odos vidurį, ant viršaus uždėkite 1 visą našlaitę.
c) Sudrėkinkite kraštus plaktu kiaušiniu ir uždenkite kita wonton oda.
d) Virkite vandenyje arba daržovių sultinyje maždaug 1,5 minutės.
e) Patiekite dubenyje su pomidorų-bazilikų sultiniu.

19. Kiaulpienių lazanija

Gamina: 1 partija

INGRIDIENTAI:
- 2 litrai vandens
- 2 svarai kiaulpienių lapų
- 2 česnako skiltelės
- 3 šaukštai kapotų petražolių, padalintų
- 1 valgomasis šaukštas bazilikas
- 1 arbatinis šaukštelis raudonėlio
- ½ puodelio Kviečių gemalų
- 3 puodeliai Pomidorų padažo
- 6 uncijos pomidorų pasta
- 9 pilno grūdo lazanijos makaronai
- 1 arbatinis šaukštelis Alyvuogių aliejaus
- 1 svaras Ricotta sūrio
- 1 brūkšnis Kajeno pipirų
- ½ stiklinės parmezano sūrio, tarkuoto
- ½ svaro mocarelos sūrio, supjaustyto

INSTRUKCIJOS:
a) Vandenį užvirinkite, suberkite kiaulpienes ir virkite, kol suminkštės. Kiaulpienes išimkite kiaurasamčiu ir rezervuokite vandens.
b) Į trintuvą sudėkite kiaulpienes su česnaku ir 1 šaukštu petražolių, baziliko ir raudonėlio.
c) Kruopščiai išmaišykite, bet būkite atsargūs, kad nesuskystėtų.
d) Įpilkite kviečių gemalų, du puodelius pomidorų padažo ir pomidorų pastos.
e) Sumaišykite tik tiek, kad gerai susimaišytų, ir rezervuokite mišinį.
f) Vėl užvirinkite vandenį. Įpilkite lazanijos ir alyvuogių aliejaus. Virkite al dente. Nusausinkite ir rezervuokite.
g) Sumaišykite rikotos sūrį, kajeną ir likusius 2 šaukštus. petražolės, rezervas.
h) Lengvai patepkite sviestu 9 x 13 colių kepimo formos dugną.
i) Padėkite 3 lazanijos makaronus vienas šalia kito kaip pirmąjį sluoksnį. Uždenkite ⅓ kiaulpienių padažo, tada ½ rikotos sūrio.
j) Ant rikotos užkrėskite šiek tiek parmezano sūrio ir uždenkite mocarelos griežinėlių sluoksniu. Pakartokite.
k) Sluoksniuokite paskutinius 3 lazanijos makaronus ir paskutinę trečdalį kiaulpienių padažo. Uždenkite likusiu parmezanu ir mocarela bei vienu puodeliu pomidorų padažo.
l) Kepkite 375 F. 30 minučių.

20. Kreolų lazanija

Padaro: 10 porcijų

INGRIDIENTAI:
- Augalinis aliejus, tepimui
- 1 svaras maltos itališkos dešros, švelnios arba karštos
- 1 svaras maltos kiaulienos
- 1 didelė raudonoji paprika, supjaustyta kubeliais
- 1 vidutinis raudonasis svogūnas, supjaustytas kubeliais
- 5 česnako skiltelės, susmulkintos
- 2 (28 uncijos) skardinės susmulkintų pomidorų arba 8 puodeliai šviežių pomidorų, supjaustytų kubeliais
- 1 valgomasis šaukštas rudojo cukraus
- 2½ arbatinio šaukštelio kreolų prieskonių
- 2 arbatiniai šaukšteliai džiovinto baziliko
- 1 arbatinis šaukštelis maltų juodųjų pipirų
- 16 uncijų nenugriebto pieno rikotos sūrio
- 2 kiaušiniai
- 2 puodeliai tarkuoto mocarelos sūrio
- 12 orkaitėje paruoštų lazanijos makaronų
- 4 puodeliai susmulkinto aštraus čederio sūrio
- 2 puodeliai susmulkinto Colby Jack sūrio
- Susmulkintos šviežios petražolės, papuošimui

INSTRUKCIJOS:
a) Įkaitinkite orkaitę iki 350 laipsnių F. Lengvai sutepkite 9 x 13 colių kepimo indą.
b) Vidutiniame dubenyje sumaišykite dešrą ir kiaulieną.
c) Didelėje keptuvėje ant vidutinės ugnies kepkite dešros ir kiaulienos mišinį, kol paruduos. Kepdami mėsą būtinai sulaužykite! Išimkite mėsą iš keptuvės ir palikite apie 1½ šaukšto riebalų. Padėkite mėsą į šoną.
d) Vėl uždėkite keptuvę ant viryklės, vis dar ant vidutinės ugnies, ir suberkite papriką bei svogūnus. Kepkite, kol jie suminkštės, tada suberkite česnaką. Grąžinkite mėsą į keptuvę ir sudėkite pomidorus.
e) Sumaišykite ingredientus, kol viskas gerai susimaišys. Tada įpilkite cukraus, kreolų prieskonių, baziliko ir juodųjų pipirų. Sumaišykite prieskonius, sumažinkite ugnį iki vidutinės ir virkite 15 minučių.
f) Dideliame dubenyje sumaišykite rikotą, kiaušinius ir mocarelos sūrį ir sumaišykite ingredientus, kol gerai susimaišys. Nustatykite į šoną.
g) Paruoštoje kepimo formoje į dugną įpilkite šiek tiek mėsos padažo. Įdėkite lazanijos makaronų sluoksnį, tada makaronus paskleiskite rikotos mišiniu. Įdėkite sluoksnį mėsos padažo ir kitą rikotos sluoksnį. Pakartokite. Įdėkite paskutinį makaronų sluoksnį, tada padažą ir užtepkite čederio ir Colby Jack sūriais. Laisvai uždenkite aliuminio folija ir pašaukite į orkaitę 1 valandai 15 minučių.
h) Išimkite iš orkaitės, papuoškite petražolėmis ir palikite 10 minučių prieš patiekiant.

21. Masono stiklainis lazanija

Ingridientai
- 3 lazanijos makaronai
- 1 valgomasis šaukštas alyvuogių aliejaus
- ½ svaro maltos nugarinės
- 1 svogūnas, supjaustytas
- 2 skiltelės česnako, susmulkintos
- 3 šaukštai pomidorų pastos
- 1 arbatinis šaukštelis itališkų prieskonių
- 2 (14,5 uncijos) skardinės kubeliais pjaustytų pomidorų
- 1 vidutinė cukinija, tarkuota
- 1 didelė morka, sutarkuota
- 2 puodeliai susmulkintų kūdikių špinatų
- Košerinė druska ir šviežiai malti juodieji pipirai pagal skonį
- 1 puodelis nugriebto rikotos sūrio
- 1 puodelis susmulkinto mocarelos sūrio, padalintas
- 2 šaukštai kapotų šviežių baziliko lapelių

Kryptys

a) Dideliame puode su verdančiu pasūdytu vandeniu išvirkite makaronus pagal pakuotės instrukcijas; gerai nusausinkite. Kiekvieną makaroną supjaustykite į 4 dalis; atidėti.

b) Įkaitinkite alyvuogių aliejų didelėje keptuvėje arba olandiškoje orkaitėje ant vidutinės-stiprios ugnies. Suberkite maltą nugarinę ir svogūną ir kepkite, kol apskrus, 3–5 minutes, o jautiena kepdama būtinai sutrupės; nusausinkite riebalų perteklių.

c) Įmaišykite česnaką, pomidorų pastą ir itališkus prieskonius ir virkite, kol pasidarys kvapnus, 1–2 minutes. Įmaišykite pomidorus, sumažinkite ugnį ir troškinkite, kol šiek tiek sutirštės, 5–6 minutes. Įmaišykite cukinijas, morkas ir špinatus ir virkite, dažnai maišydami, kol suminkštės, 2–3 minutes. Pagardinkite druska ir pipirais pagal skonį. Padažą atidėkite į šalį.

d) Mažame dubenyje sumaišykite rikotą, ½ puodelio mocarelos ir baziliką; pagal skonį pagardinkite druska ir pipirais

e) Įkaitinkite orkaitę iki 375 laipsnių F. Lengvai patepkite aliejumi 4 (16 uncijų) plataus burnos stikliniaus indelius su dangteliais arba kitus orkaitėje tinkamus indus arba padenkite nepridegančiu purškikliu.

f) Į kiekvieną stiklainį įdėkite 1 makaronų gabalėlį. Trečdalį padažo padalinkite į stiklainius. Pakartokite su antruoju makaronų sluoksniu ir padažu. Ant viršaus uždėkite rikotos mišinį, likusius makaronus ir likusį padažą. Pabarstykite likusiu ½ puodelio mocarelos sūrio.

g) Stiklainius padėkite ant kepimo skardos. Pašaukite į orkaitę ir kepkite, kol pradės burbuliuoti, 25–30 minučių; visiškai atvėsinti. Laikyti šaldytuve iki 4 dienų.

22. Moliūgų ir šalavijų lazanija su fontina

Gamina: 8 -10

INGRIDIENTAI:
- 2 arbatiniai šaukšteliai aukščiausios kokybės pirmojo spaudimo alyvuogių aliejaus, dar daugiau tepimui
- 14 uncijų skardinė moliūgų tyrės
- 2 puodeliai nenugriebto pieno
- 2 arbatiniai šaukšteliai džiovinto raudonėlio
- 2 arbatiniai šaukšteliai džiovinto baziliko
- ¼ arbatinio šaukštelio šviežiai tarkuoto muskato riešuto
- ¼ arbatinio šaukštelio maltų raudonųjų pipirų dribsnių
- Košerinė druska ir šviežiai malti pipirai
- 16 uncijų nenugriebto pieno rikotos sūrio
- 2 česnako skiltelės, sutarkuotos
- 1 valgomasis šaukštas kapotų šviežių šalavijų lapų ir 8 sveiki lapai
- 2 šaukštai kapotų šviežių petražolių
- 12 uncijų dėžutė nevirti lazanijos makaronų
- 12 uncijų stiklainis skrudintų raudonųjų paprikų, nusausintų ir susmulkintų
- 3 puodeliai susmulkinto fontina sūrio
- 1 puodelis tarkuoto parmezano sūrio
- 12–16 gabalėlių plonais griežinėliais supjaustytų pepperoni

INSTRUKCIJOS:

a) Įkaitinkite orkaitę iki 375 ° F. 9 × 13 colių kepimo formą ištepkite riebalais.

b) Vidutiniame dubenyje sumaišykite moliūgą, pieną, raudonėlį, baziliką, muskato riešutą, raudonųjų pipirų dribsnius ir žiupsnelį druskos bei pipirų. Atskirame vidutiniame dubenyje sumaišykite rikotą, česnaką, kapotą šalaviją ir petražoles ir pagardinkite druska bei pipirais.

c) Paruoštos kepimo formos dugną ištepkite ketvirtadaliu moliūgų padažo. Įdėkite 3 ar 4 lazanijos lakštus, laužydami, kad tilptų. Gerai, jei lakštai ne iki galo padengia padažą. Sluoksniuokite pusę rikotos mišinio, pusę raudonųjų paprikų, tada 1 puodelį fontina. Įpilkite dar ketvirtadalį moliūgų padažo ir ant viršaus uždėkite 3 ar 4 lazanijos makaronus. Sluoksniuokite ant likusio rikotos mišinio, likusių raudonųjų paprikų, 1 puodelio fontina ir dar ketvirtadalio moliūgų padažo. Sudėkite likusius lazanijos makaronus ir likusį moliūgų padažą. Ant viršaus pabarstykite likusį 1 puodelį fontina, tada parmezano sūrio. Ant viršaus uždėkite pepperoni.

d) Nedideliame dubenyje išmeskite visus šalavijų lapus į 2 arbatinius šaukštelius alyvuogių aliejaus. Išdėliokite jį ant lazanijos.

e) Lazaniją uždenkite folija ir kepkite 45 minutes. Padidinkite šilumą iki 425 ° F, nuimkite foliją ir kepkite, kol sūris pradės burbuliuoti, dar apie 10 minučių. Leiskite lazanijai pastovėti 10 minučių. Tarnauti. Likučius laikykite šaldytuve hermetiškame inde iki 3 dienų.

23. Moliūgų gnocchi su pancetta

Gamina: 4-6

INGRIDIENTAI:
- ½ puodelio rikotos sūrio
- ½ puodelio moliūgų tyrės
- 2 kiaušiniai
- 3 puodeliai 00 miltų
- ½ arbatinio šaukštelio malto imbiero
- 1 arbatinis šaukštelis muskato riešuto, tarkuoto
- ½ arbatinio šaukštelio maltų gvazdikėlių
- 1 valgomasis šaukštas cinamono
- ½ arbatinio šaukštelio kvapiųjų pipirų
- Košerinė druska
- Šviežiai malti juodieji pipirai
- Pirmo spaudimo alyvuogių aliejus
- 8 uncijos šveicariškas mangoldas, nuimti stiebai
- ½ puodelio tarkuoto Pecorino Romano
- 2 česnako skiltelės
- 1 ryšelis baziliko
- ½ puodelio skrudintų pignoli riešutų
- Košerinė druska
- Šviežiai malti juodieji pipirai
- 1 puodelis alyvuogių aliejaus
- 8 uncijos pancetta, supjaustyta
- Pecorino Romano

INSTRUKCIJOS:
a) Pabarstykite dvi lakštines skardas 00 miltų.
b) Norėdami pagaminti gnocchi tešlą, dubenyje sumaišykite rikotos sūrį, moliūgų tyrę ir kiaušinius, kol gerai susimaišys. Atskirame dubenyje sumaišykite 00 miltus, imbierą, tarkuotą muskato riešutą, gvazdikėlius, cinamoną, kvapiuosius pipirus, druską ir šviežiai maltus juoduosius pipirus.
c) Miltų mišinį suberkite į moliūgų ir rikotos mišinį ir maišykite, kol susimaišys ir susidarys rutuliukas.

d) Ant lengvai miltais pabarstyto paviršiaus lengvai minkykite tešlą apie 3 minutes.
e) Norėdami pagaminti gnocchi, nupjaukite nedidelį moliūgų tešlos gabalėlį, o likusią dalį uždenkite plastikine plėvele. Tešlos gabalą rankomis susukite į maždaug 1 colio pločio virvę.
f) Iš virvės išpjaukite 1 colio tešlos gabalus. Naudodami gnocchi lentą arba šakutę, atsargiai apvoliokite supjaustytus gnocchi ant lentos, kad susidarytumėte tekstūruotą paviršių.
g) Padėkite moliūgų gnocchi ant miltais pabarstytų lakštinių formų ir įsitikinkite, kad gnocchi nesiliestų, nes kitaip jie sulips. Laikyti šaldytuve, kol paruošta naudoti.
h) Norėdami pagaminti šveicariškų mangoldų pesto, didelę kepimo skardą patepkite šlakeliu aukščiausios kokybės pirmojo spaudimo alyvuogių aliejaus, suberkite šveicarišką mangoldą ir virkite, kol suvys.
i) Virtuviniu kombainu suberkite suvytusius mangoldus, Pecorino Romano, česnaką, baziliką, pignoli riešutus, druską ir šviežiai maltus juoduosius pipirus. Lėtai supilkite alyvuogių aliejų ir trinkite iki tyrės.
j) Užvirinkite didelį puodą pasūdyto vandens.
k) Tuo tarpu didelėje keptuvėje ant vidutinės ugnies sudėkite pancetta ir kepkite, kol riebalai pasidarys ir taps traškūs, maždaug 5 minutes.
l) Atsargiai įdėkite gnocchi į verdantį vandenį ir virkite, kol jie plauks maždaug 2–3 minutes. Naudodami kiaurasamtį įdėkite moliūgų gnocchi į pancetta keptuvę ir išmaišykite, kad susimaišytų.
m) Norėdami patiekti, gnocchi padalinkite į dubenėlius. Papuoškite šviežiai tarkuotu Pecorino Romano ir šveicariškų mangoldų pesto.

24. Kaštonai ir saldžiosios bulvės Gnocchi

Padaro: 4 porcijos

INGRIDIENTAI:
GNOCCHI
- 1 + ½ puodelio skrudintų saldžiųjų bulvių
- ½ puodelio kaštonų miltų
- ½ puodelio nenugriebto pieno rikotos
- 2 arbatiniai šaukšteliai košerinės druskos
- ½ puodelio miltų be glitimo
- Baltieji pipirai pagal skonį
- Rūkyta paprika pagal skonį

GRYBŲ IR KASTONŲ RAGU
- 1 puodelis grybo, supjaustytas į 4 dalis
- 2-3 portobello grybai, supjaustyti plonomis juostelėmis
- 1 padėklas shimeji grybų (baltų arba rudų)
- ⅓ puodelio kaštonų, supjaustytų kubeliais
- 2 šaukštai sviesto
- 2 askaloniniai česnakai, smulkiai pjaustyti
- 2 česnako skiltelės, smulkiai pjaustytos
- 1 arbatinis šaukštelis pomidorų pastos
- Baltasis vynas (pagal skonį)
- Košerinė druska (pagal skonį)
- 2 šaukštai šviežių šalavijų, smulkiai pjaustytų
- Petražolės pagal skonį

PABAIGTI
- 2 šaukštai alyvuogių aliejaus
- Parmezano sūris (pagal skonį)

INSTRUKCIJOS:
GNOCCHI
a) Įkaitinkite orkaitę iki 380 laipsnių.
b) Saldžiąsias bulves persmeikite šakute.
c) Padėkite saldžiąsias bulves ant kepimo skardos ir kepkite apie 30 minučių arba kol suminkštės. Leiskite šiek tiek atvėsti.
d) Saldžiąsias bulves nulupkite ir perkelkite į virtuvinį kombainą. Sutrinkite iki vientisos masės.
e) Dideliame dubenyje sumaišykite sausus ingredientus (kaštonų miltus, druską, miltus be glitimo, baltuosius pipirus ir rūkytą papriką) ir palikite ant šono.
f) Perkelkite saldžiųjų bulvių tyrę į didelį dubenį. Įpilkite rikotos ir įpilkite ¾ džiovinto mišinio. Tešlą perkelkite ant miltais pabarstyto darbastalio ir švelniai įmaišykite daugiau miltų, kol tešla susimaišys, bet bus labai minkšta.
g) Padalinkite tešlą į 6–8 dalis ir kiekvieną gabalėlį susukite į 1 colio storio virvę.
h) Virves supjaustykite 1 colio ilgio ir kiekvieną gabalėlį pabarstykite miltais be glitimo.
i) Kiekvieną gnocchi iškočiokite prie miltais pabarstytos šakutės galiukų, kad susidarytų nedideli įdubimai.
j) Laikykite jį ant padėklo aušintuve, kol būsite pasiruošę jį naudoti.

GRYBŲ IR KAŠTONŲ RAGU
k) Karštoje keptuvėje ištirpinkite sviestą ir įberkite žiupsnelį druskos.
l) Sudėkite askaloninius česnakus, česnakus ir šalavijus ir patroškinkite 10 minučių, kol askaloniniai česnakai taps skaidrūs.
m) Sudėkite visus grybus ir troškinkite ant stiprios ugnies nuolat maišydami.
n) Įpilkite pomidorų pastos ir baltojo vyno ir palikite, kol grybai suminkštės ir suminkštės.
o) Ant ragu užpilkite šviežių kapotų petražolių ir kubeliais pjaustytų kaštonų. Atidėti.

PABAIGTI

p) Užvirinkite didelį puodą pasūdyto vandens. Įdėkite saldžiųjų bulvių gnocchi ir virkite, kol jie išplauks į paviršių, maždaug 3–4 minutes.

q) Naudodami kiaurasamtį perkelkite gnocchi į didelę lėkštę. Pakartokite su likusiais gnocchi.

r) Didelėje keptuvėje ištirpinkite 2 šaukštus alyvuogių aliejaus.

s) Švelniai maišydami sudėkite gnocchi, kol gnocchi karamelizuosis.

t) Įpilkite grybų Ragu ir įpilkite kelis šaukštus gnocchi vandens.

u) Švelniai išmaišykite ir leiskite virti 2–3 minutes ant stiprios ugnies.

v) Patiekite ant viršaus užbarstę parmezano sūrio.

25. Makaronų suktinukai su kreminiu pomidorų padažu

Padaro: 8 porcijos

INGRIDIENTAI:
- 2 makaronai; švieži 9x12
- 6 uncijos Prosciuttos; plonais griežinėliais
- 1 svaras špinatų; tik lapai, garai
- 4 uncijos Ricotta sūrio
- 2 uncijos Mozzarella sūrio
- 4 šaukštai Reggiano parmezano sūrio
- Druska
- Pipirai
- Muskato riešutas
- Kreminis pomidorų padažas
- 35 uncijos slyvinių pomidorų; nusausintas
- 3 šaukštai saldaus sviesto
- 2 medaus svogūno; smulkiai supjaustyta
- 1 puodelis sauso baltojo vyno
- 2 stiklinės vištienos sultinio
- 1 puodelis riebios grietinėlės

INSTRUKCIJOS:
a) Užvirinkite didžiulį puodą pasūdyto vandens. Supilkite makaronus ir virkite apie 2 minutes.
b) Išimkite lakštus iš vandens ir kruopščiai nuplaukite nuo rankenos, tada padėkite ant plastikinės plėvelės lakštų. Nuvalykite lakšto viršų popieriniu rankšluosčiu ir vienu sluoksniu uždenkite makaronus su prosciuttos.
c) Špinatų/sūrio mišinį paskleiskite ant prosciutto ir susukite 6 colių puse.
d) Naudokite plastikinę plėvelę, kad padėtumėte ją sandariai susukti, tada suvyniokite ritinį į plastikinę plėvelę ir laikykite šaldytuve, kol būsite pasiruošę naudoti.

PADAŽAS:
e) Didelėje keptuvėje ištirpinkite sviestą ir pakepinkite svogūnus, kol pradės ruduoti.
f) Į keptuvę įpilkite vyno, užvirkite ir sumažinkite skysčio kiekį iki maždaug ¼ puodelio.
g) Įpilkite vištienos sultinio ir vėl užvirkite.
h) Sumažinkite šį mišinį, kol bus apie ½ puodelio. Nusausintus pomidorus išspauskite per pirštus, kad jie sulaužytų, ir supilkite į sumažintą skysčių kiekį keptuvėje, užvirkite ir sumažinkite ugnį iki mažos ugnies ir troškinkite apie 30 minučių, atidžiai stebėdami ir dažnai maišydami.
i) Įpilkite riebios grietinėlės, toliau lėtai virkite 10 minučių.
j) Paragaukite, pagardinkite druska ir pipirais.

SURINKIMAS:
k) Išimkite makaronų suktinukus iš plastikinės plėvelės ir sudėkite į keptuvę su padažu.
l) Kai jis įkaista, nupjaukite kiekvieną ritinio galą, kad jis būtų lygus.
m) Tada supjaustykite ritinį į 3 lygias dalis.
n) Kad patiektumėte, ant lėkštės dugno uždėkite padažo baseiną ir ant kiekvienos lėkštės sudėkite po 2 arba 3 makaronų suktinukus ratuku į viršų.
o) Jei mėgstate, pabarstykite tarkuotu sūriu ir mėgaukitės.

26. Lazanija iš laukinių ir egzotinių grybų

Padaro: 9 porcijos

INGRIDIENTAI:
- 2 šaukštai alyvuogių aliejaus
- 1 didelis svogūnas; malta
- 2 uncijų prosciutto di Parma; smulkiai supjaustyta
- 2 šaukštai maltų askaloninių česnakų
- 2 šaukštai malto česnako
- ½ puodelio smulkiai pjaustytų petražolių
- 1 svaras įvairių laukinių ir egzotinių grybų
- 2 šaukštai kapotų baziliko
- 1 valgomasis šaukštas susmulkinto šviežio raudonėlio
- ⅔ puodelio sauso baltojo vyno
- 1½ svaro konservuotų grūstų pomidorų; iki 2 svarų
- 2 puodeliai šviežio rikotos sūrio
- 1 kiaušinis
- 2 puodeliai tarkuoto Parmigiano-Reggiano sūrio
- ½ puodelio tarkuoto mocarelos sūrio
- 1 druskos; paragauti
- 1 šviežiai maltų juodųjų pipirų
- 1 svaras šviežių makaronų lakštų, supjaustytų lazanijomis; kelionės, blanširuotas,
- ½ puodelio riebios grietinėlės
- ¼ puodelio pieno
- 8 džiovintų baziliko lapelių

INSTRUKCIJOS:
a) Įkaitinkite orkaitę iki 350 laipsnių. Lengvai aliejumi sutepkite 13 x 9 colių stačiakampę kepimo formą. Didelėje keptuvėje įkaitinkite alyvuogių aliejų.
b) Kai aliejus įkaista, pakepinkite svogūnus ir prosciutto apie 4 minutes arba tol, kol svogūnai suvys ir šiek tiek karamelizuosis.
c) Įmaišykite ½ puodelio petražolių, askaloninius česnakus ir grybus. Troškinkite 10 minučių arba tol, kol grybai taps auksinės rudos spalvos. Pagardinkite druska ir pipirais.
d) Įmaišykite česnaką, baziliką ir raudonėlį. Grybų mišinį nukoškite ir palikite skysčio. Supilkite skystį atgal į keptuvę ir sumažinkite, kol susidarys glajus, maždaug 5 minutes. Retkarčiais nubraukite šonus, kad atsilaisvintų dalelės.
e) Įpilkite vyno ir atlikite tą patį procesą. Sudėkite pomidorus ir toliau kepkite 10 minučių.
f) Pagardinkite druska ir pipirais. Į padažą įpilkite grybų mišinio.
g) Maišymo dubenyje sumaišykite Ricotta sūrį, kiaušinį, likusias petražoles, ½ puodelio tarkuoto Parmigiano-Reggiano sūrio ir Mozzarella sūrį.
h) Pagardinkite druska ir pipirais. Norėdami surinkti, šaukštu uždėkite nedidelį kiekį padažo ant kepimo indo dugno. Pabarstykite parmezano sūriu. Ant padažo uždėkite makaronų sluoksnį. Sūriu užtepkite makaronus.
i) Grietinėlę sumaišykite su likusiu sūriu.
j) Pagardinkite druska ir pipirais. Užpilame ant lazanijos viršaus. Uždenkite lazaniją. Kepkite 30 minučių uždengtą ir 10–15 minučių neuždengę arba kol lazanija taps auksinės rudos spalvos ir sustings.
k) Išimkite lazaniją iš orkaitės ir leiskite pailsėti 10 minučių prieš pjaustydami. Įdėkite lazanijos dalį į lėkštės centrą.
l) Papuoškite tarkuotu sūriu ir keptais baziliko lapeliais.

27. Prosciutto įdaryti makaronų suktinukai

Padaro: 15 porcijų

INGRIDIENTAI:
- 3 puodeliai universalių miltų
- 3 Kiaušiniai
- 3 svarai Švieži špinatai, nuplauti ir nulupti
- 3 puodeliai Ricotta sūrio
- 3 Kiaušiniai
- 1½ šaukšto Šviežiai tarkuoto muskato riešuto
- 1½ puodelio tarkuoto parmezano sūrio
- Druska ir šviežiai malti pipirai
- ½ puodelio plius 1 T vandens
- 1½ šaukšto alyvuogių aliejaus
- 24 Popieriaus ploni prosciutto griežinėliai
- 18 uncijų Mozzarella sūrio, plonais griežinėliais
- Alyvuogių aliejus
- Saulėje džiovintų pomidorų vinaigretas

a) Makaronams: suberkite miltus į didelį dubenį. Sumaišykite kiaušinius, vandenį ir aliejų; suberti į miltus ir gerai išmaišyti. Minkykite ant miltais pabarstyto paviršiaus iki vientisos ir elastingos masės, apie 10 minučių. Uždenkite ir palikite 15 minučių pailsėti.
b) Įdarui: špinatus sudėkite į didelę keptuvę ant vidutinės ugnies.
c) Uždenkite ir virkite, kol suminkštės, retkarčiais pamaišydami. Nusausinkite. Išspausti sausai. Susmulkinkite špinatus. Dideliame dubenyje sumaišykite rikotą, kiaušinius ir muskato riešutą. Įmaišykite špinatus ir parmezaną. Pagardinkite druska ir pipirais.
d) Nupjaukite ⅓ tešlos. Ant lengvai miltais pabarstyto paviršiaus iškočiokite kuo ploniau. Apkarpykite iki 18x11 colių stačiakampio. Užtepkite ⅓ špinatų mišinio, palikdami ½ colio kraštą iš visų pusių. Uždenkite įdarą 8 prosciutto griežinėliais, tada ⅓ mocarelos. Užlenkite 1 colią kiekvienos ilgosios pusės ant užpildo. Trumpų galų kraštus nuvalykite vandeniu.

Pradėdami nuo 1 trumpojo galo, susukite makaronus į želė ritinėlį. Apvyniokite marlę ir suriškite virvele, kad išlaikytumėte formą. Pakartokite su likusia tešla ir įdaru.

e) Užvirinkite 2 colius vandens didelėje keptuvėje ant viryklės. Sudėkite makaronų suktinukus. Sumažinkite ugnį, uždenkite ir troškinkite 35 minutes.

f) Naudodami 2 menteles išimkite ritinius ir atvėsinkite. Švelniai nuimkite virvelę ir marlę. Tvirtai suvyniokite ir per naktį šaldykite.

g) Makaronų suktinukus supjaustykite ½ colio storio griežinėliais. Išdėlioti ant lėkštės. Aptepkite alyvuogių aliejumi. Patiekite kambario temperatūroje su saulėje džiovintų pomidorų vinaigrette.

28. Špinatų ir rikotos įdaryti lukštai

Gamina: 6

INGRIDIENTAI:
- 10 uncijų šaldytų špinatų, atšildytų ir nusausintų
- 2 puodeliai augalinės rikotos
- 1 25 oz stiklainio makaronų padažas
- 18 didelių kriauklių
- Tarnauti
- Migdolų parmezanas
- Švieži pjaustyti raudonėliai

INSTRUKCIJOS:
a) Paruoškite makaronų lukštus.
b) Kol makaronai verda, dubenyje sumaišykite augalinę rikotą ir špinatus.
c) Visą indelį makaronų padažo tolygiai paskirstykite kepimo indo dugne.
d) Kiekvieną makaronų kevalą užpildykite apvaliais šaukštais rikotos mišinio ir sudėkite į kepimo indą.
e) Kepkite mažiausiai 15 minučių arba tol, kol padažas pradės burbuliuoti. Nuimkite dangtį ir kepkite dar 10–15 minučių.
f) Galiausiai užberkite migdolų parmezano ir pasirinktų žolelių. Patiekite ir mėgaukitės!

29. Ravioli sultinio sriuba su dešra ir kopūstais

INGRIDIENTAI:

- ½ svaro švelnios (arba karštos) itališkos dešros su apvalkalu
- ¼ puodelio svogūno, supjaustyto kubeliais
- 2 saliero stiebai, supjaustyti kubeliais
- ¼ puodelio šaldytų morkų ir žirnių
- 12 uncijų makaronų padažas
- 4 puodeliai vištienos kaulų sultinio (2 dėžutės)
- ¼ puodelio saulėje džiovintų pomidorų
- 1 (9 uncijos) pakuotės sūrio ravioliai
- Pusė 1 (8 uncijos) kūdikių kopūstų rinkinio pakuotės
- 2 šaukštai nugriebto rikotos sūrio

INSTRUKCIJOS:

a) Įkaitinkite didelį puodą ant vidutinės-stiprios ugnies. Kepkite dešrą 5-7 minutes, maišydami, kad mėsa sutrupėtų. Virkite, kol neliks rausvos spalvos. Į dešrą įmaišykite svogūną, salierą, morkas ir žirnelius ir virkite 4 minutes, dažnai maišydami.

b) Sumažinkite šilumą iki vidutinės-žemos. Įmaišykite makaronų padažą, vištienos kaulų sultinį ir saulėje džiovintus pomidorus. Troškinkite 8-10 minučių, retkarčiais pamaišydami.

c) Į padažą įpilkite raviolių; virkite 4-5 minutes arba kol ravioliai suminkštės.

d) Norėdami patiekti, sultinio sriubą padalinkite į du dubenėlius. Kiekvieną dubenį užpilkite sauja salotų žalumynų, tada pabarstykite salotų priedais ir apšlakstykite padažu. Užbaikite po 1 šaukštą rikotos sūrio kiekvienam dubeniui ir patiekite.

30. Butternut Skvošo lazanija

Padaro: 12 porcijų

INGRIDIENTAI

9 lazanijos makaronai, virti
5 puodeliai šiltos, pagardintos bulvių košės,
2 (12 uncijų) pakuotės moliūgų
1 1/2 puodelio rikotos sūrio
1 arbatinis šaukštelis svogūnų miltelių
1/2 arbatinio šaukštelio muskato riešuto
1 arbatinis šaukštelis druskos
1/2 arbatinio šaukštelio juodųjų pipirų
1 puodelis prancūziškai keptų svogūnų

INSTRUKCIJOS:

Įkaitinkite orkaitę iki 350°F.

Kepimo purškikliu uždenkite 9 x 13 colių kepimo indą.

Į didelį dubenį sumaišykite bulves, moliūgą, rikotos sūrį, svogūnų miltelius, muskato riešutą, druską ir juoduosius pipirus.

Į paruoštos kepimo formos dugną sudėkite 3 makaronus.

1/3 bulvių mišinio paskleiskite makaronus. Pakartokite sluoksnius dar du kartus.

Kepkite 45 minutes su aliuminio folija viršuje; nuimkite foliją ir kepkite dar 8–10 minučių arba kol paruduos ir įkais.

PICA, PITA IR FOCACCIA

31. Parmezano ir rikotos pica

Padaro: 4 porcijos

INGRIDIENTAI:
- Medaus kviečių picos tešlos receptas
- ¼ puodelio pistacijų, pjaustytų
- 4 juostelės rūkytos šoninės, supjaustytos
- ½ puodelio parmezano sūrio, tarkuoto
- 2 valgomieji šaukštai aukščiausios kokybės pirmojo spaudimo alyvuogių aliejaus
- ½ arbatinio šaukštelio pipirai, šviežiai malti
- ½ puodelio Rainbow mišinio Micro Greens
- ¼ arbatinio šaukštelio jūros druskos
- ½ puodelio Ricotta sūrio

INSTRUKCIJOS:
a) Įkaitinkite orkaitę iki 500 laipsnių pagal Farenheitą.
b) Dubenyje sumaišykite rikotą, parmezaną, alyvuogių aliejų, jūros druską ir pipirus. Kruopščiai išmaišykite.
c) Paruoštą picos tešlą uždenkite įdaru.
d) Ant viršaus uždėkite pusę pistacijų, tada sluoksniuokite šoninę.
e) Kepkite 16 minučių arba tol, kol šoninė taps traški, o tešla taps auksinės rudos spalvos.
f) Papuoškite likusiomis pistacijomis ir mikrožalumynais.

32. <u>**Ricotta, Bacon ir Arugula Skillet Pica**</u>

Padaro: 1 pica

INGRIDIENTAI:
- 3 puodeliai rikotos sūrio
- 4 žalieji svogūnai, supjaustyti įstrižai
- 3 šaukštai alyvuogių aliejaus, padalinti
- ¼ arbatinio šaukštelio raudonųjų pipirų dribsnių
- 1 parduotuvėje pirkta plona picos pluta
- 5 riekelės virtos šoninės, sutrupintos arba daugiau pagal skonį
- ½ puodelio šviežiai tarkuoto parmezano sūrio
- 1 žiupsnelis druskos ir maltų juodųjų pipirų pagal skonį
- 1 ryšelis šviežios rukolos
- 1 citrina, išspausta sultimis

INSTRUKCIJOS:
a) Įkaitinkite orkaitę iki 400 laipsnių F (200 laipsnių C).
b) Dubenyje sumaišykite rikotos sūrį, žaliuosius svogūnus, 1 šaukštą alyvuogių aliejaus ir raudonųjų pipirų dribsnius. Paskleiskite ant picos plutos.
c) Įkaitinkite likusius 2 šaukštus alyvuogių aliejaus ketaus keptuvėje ant vidutinės ugnies. Į keptuvę sudėkite picos plutą su rikotos mišiniu; įdėkite šoninės ir parmezano sūrio ir kepkite picos dugną 3–4 minutes.
d) Palikite picą keptuvėje ir dėkite į įkaitintą orkaitę kepti, kol picos viršus pradės šiek tiek ruduoti, 7–8 minutes.
e) Atsargiai išimkite picą iš orkaitės ir tokia tvarka įberkite druskos ir pipirų, rukolos ir šlakstelėkite citrinos sulčių.

33. Focaccia-vegetariška

Išeiga: 8 porcijos

Ingredientas
- Focaccia tešla
- ½ svaro špinatų, virti, nusausinti
- ½ svaro grybų, supjaustytų
- 2 puodeliai neriebaus rikotos sūrio,
- 4 uncijos neriebaus mocarelos sūrio
- ¼ puodelio petražolių, šviežių, kapotų
- 1 kiaušinio baltymas arba kiaušinio pakaitalas

Kryptys
a) Rikotos sūrį nusausinkite. Tešlą iškočiokite į 12x9 stačiakampį. Užtepkite špinatais, tada rikota, tada grybais, tada mocarelos sūriu. Suvynioti.
b) Užklijuokite kraštus kiaušinio plakiniu arba kiaušinio pakaitalu. Suformuokite apskritimą ir uždarykite apskritimo galus kiaušinio plakiniu arba kiaušinio pakaitalu. Viršų aptepkite kiaušiniu. Kepkite 350 laipsnių temperatūroje apie 40 minučių.

34. Kreminė itališka pita

Padaro: 24 porcijos

INGRIDIENTAI:
- 2½ kvartalo Ricotta sūrio
- 12 uncijų tarkuoto parmezano sūrio
- 1 svaras Smulkiai pjaustytų salierų
- 1 svaras pomidorų; šviežias, supjaustytas kubeliais
- ¼ puodelio šviežio kapotų baziliko
- Juodasis pipiras; paragauti
- Romaine; arba lapinės salotos
- 12 sveikų pitos apvalių; perpjauti per pusę, lengvai paskrudinti

INSTRUKCIJOS:
a) Virtuvinio kombaino dubenyje suplakite rikotos sūrį su parmezanu, kol išplaks ir susimaišys.
b) Įmaišykite pjaustytus salierus, pomidorus ir prieskonius.
c) Surinkite sumuštinį, kiekvieną pašildytą pitos kišenę išklodami salotų lapais ir 4 uncijomis įdaro.

35. Pica Velykoms

Padaro: 1 pica

INGRIDIENTAI:
- Šaldyta duonos tešla, atšildyta, ⅔ svarų
- Itališka dešra, ½ svaro, virta
- Mocarela, ½ svaro, supjaustyta
- Ricotta sūris, 16 uncijų
- Tarkuoto parmezano sūrio, pusė puodelio
- Supjaustytas provolono sūris, ½ svaro
- Supjaustytas saliamis, ½ svaro
- Supjaustytas virtas kumpis, ½ svaro
- Supjaustyti pipirai, ½ svaro
- 8 kiaušiniai, sumušti
- Alyvuogių aliejus
- 1 kiaušinis
- 1 arbatinis šaukštelis vandens

INSTRUKCIJOS:
a) Tešlą sluoksniuokite į spyruoklinę formą.
b) Ant viršaus uždėkite pusę kiekvieno užpilo.
c) Pakartokite sluoksnius.
d) Ant picos viršaus uždėkite 12 colių tešlą, kad susidarytų viršutinė pluta.
e) Išplakite 1 kiaušinį ir vandenį. Ant picos viršaus užtepkite kiaušinių plovimo priemonę.
f) Kepkite picą 350 laipsnių temperatūroje nuo 50 iki 60 minučių.

36. Ant grotelių kepta balta pica su Soppressata

Padaro: 1 didelė pica

INGRIDIENTAI:
- Viena tradicinė picos tešla
- Vienas arbatinis šaukštelis susmulkintų čiobrelių
- Vienas puodelis nenugriebto pieno rikotos
- Du arbatiniai šaukšteliai raudonėlio
- Vienas valgomasis šaukštas raudonėlio
- Pusė puodelio česnaku užpilto alyvuogių aliejaus
- Keturi puodeliai susmulkintos mocarelos
- Vienas puodelis tarkuoto parmezano
- Šešios uncijos supjaustytos Soppressata
- Keturios uncijos nusausintų ir suplėšytų vyšnių pipirų

INSTRUKCIJOS:
a) Tešlą paskleiskite ant lengvai miltais pabarstyto paviršiaus.
b) Švelniai iškočiokite arba ištieskite vieną tešlos ratą.
c) Sluoksniuokite su rikota, raudonėliais ir smulkintais čiobreliais.
d) Ant tešlos išdėliokite priedus, pradedant česnakiniu aliejumi ir pereinant prie mocarelos, parmezano, Soppressata ir vyšnių pipirų.
e) Kepkite picą 5–10 minučių iš kiekvienos pusės.

37. Melanzane pica

Padaro: 1 didelė pica

INGRIDIENTAI:
- 1 Itališka pagrindinė tešla
- Alyvuogių aliejus, ketvirtadalis puodelio
- Baltasis vynas (sausas), vienas puodelis
- 4 česnako skiltelės, susmulkintos
- susmulkintų raudonėlio lapelių, 2 arbat
- Druska, ½ arbatinio šaukštelio
- Picos padažas, pusė puodelio
- Šviežiai maltų juodųjų pipirų, ½ arbatinio šaukštelio
- 1 baklažanas, supjaustytas juostelėmis
- Ricotta, kambario temperatūroje, Vienas puodelis
- Parmigiana, Grana Padano arba Pecorino, smulkiai sutarkuoti, 1 uncija
- Mocarela, susmulkinta, 4 uncijos

INSTRUKCIJOS:
a) Iš tešlos suformuokite 14 colių skersmens apskritimą.
b) Tai darykite laikydami už kraštų ir atsargiai sukdami bei tempdami tešlą.
c) Baklažanų juosteles sudėkite į karštą aliejų keptuvėje. Virkite 5 minutes.
d) Sudėkite raudonėlį, česnaką, druską ir pipirus.
e) Supilkite vyną ir nuolat maišykite tris minutes.
f) Ant viršaus uždėkite paruoštą plutą su picos padažu.
g) Ant viršaus uždėkite baklažanų mišinį.
h) Sumaišykite sūrį ir pabarstykite juo picą.
i) Kepkite ant grotelių / kepkite 16–18 minučių.

38. Toskanos stiliaus mėsos kukulių paplotėlis

Išeiga: 4

Ingridientai
f) 1 pakuotė (16 oz.) Veršienos kukuliai
g) 4 amatininkų paplotėlių plutos
h) 4 česnako skiltelės, susmulkintos
i) 1 puodelis plonais griežinėliais supjaustyto raudonojo svogūno
j) 2 puodeliai marinara padažo
k) 1 valgomasis šaukštas alyvuogių aliejaus
l) 1 arbatinis šaukštelis sausų itališkų prieskonių
m)   10 oz. šviežių mocarelos gabalėlių, supjaustytų
n) 4 uncijos. nenugriebto pieno rikotos sūrio
o) 4 šaukštai plonais griežinėliais pjaustyto šviežio baziliko

Nurodymai:
a) Įkaitinkite orkaitę iki 425 laipsnių pagal Farenheitą.
b) Virkite kotletus pagal pakuotės nurodymus ir atidėkite juos į šalį.
c) Didelėje keptuvėje ant vidutinės ugnies įkaitinkite alyvuogių aliejų, tada suberkite raudonąjį svogūną ir česnaką ir kepkite, retkarčiais pamaišydami, 4–5 minutes, kol taps skaidrus ir kvapnus.
d) Paruoškite paplotį ant sausainių skardos, išklotos pergamentiniu popieriumi.
e) Ant kiekvienos papločio tešlos tolygiai užtepkite 1/2 puodelio marinaros padažo, tada pagardinkite sausais itališkais prieskoniais.
f) Ant kiekvieno papločio uždėkite po 5-6 mocarelos griežinėlius.
g) Iškepusius kotletus supjaustykite apskritimais ir tolygiai paskirstykite po kiekvieną paplotį. Padalinkite raudonąjį svogūną ir česnaką tarp kotletų.
h) Kepkite papločius 8 minutes. Išimkite paplotėlius iš orkaitės ir kiekvieną užtepkite po 4 šaukštus rikotos sūrio, tada grįžkite į orkaitę dar 2 minutėms, kad rikota sušiltų.
i) Išimkite paplotį iš orkaitės, apibarstykite šviežiu baziliku ir palikite 2 minutėms, kad atvėstų.
j) Supjaustykite ir patiekite iš karto.

39. Buricotta su peperonata ir raudonėliu

padaro 1 picą
Ingridientai
- 1 raundas picos tešlos
- 1 valgomasis šaukštas aukščiausios kokybės pirmojo spaudimo alyvuogių aliejaus
- Košerinė druska
- 1 puodelis peperonata
- 4 uncijos burikota, supjaustyta į 4 vienodus segmentus, arba šviežia rikota
- 1 arbatinis šaukštelis šviežių raudonėlio lapų
- pirmo spaudimo alyvuogių aliejus
- 1 valgomasis šaukštas jūros druskos

Kryptys
a) Paruoškite ir ištempkite tešlą ir įkaitinkite orkaitę.
b) Tešlos kraštelį aptepkite alyvuogių aliejumi ir visą paviršių pabarstykite druska. Užtepkite peperonatą ant picos, palikdami 1 colio kraštelį be jokio užpildo. Jei naudojate rikotą, sudėkite ją į dubenį ir stipriai maišykite, kad susitrauktų.
c) Į kiekvieną picos kvadrantą įdėkite vieną burikotos segmentą arba šaukštą rikotos. Įkiškite picą į orkaitę ir kepkite, kol pluta taps auksinės rudos spalvos ir traški, 8–12 minučių. Išimkite picą iš orkaitės ir supjaustykite ketvirčiais, stengdamiesi, kad neperpjautumėte sūrio.
d) Ant picos išbarstykite raudonėlio lapelius, sūrį apšlakstykite aukščiausios kokybės alyvuogių aliejumi, pabarstykite jūros druska ir patiekite.

40. Toskanos stiliaus mėsos kukulių paplotėlis

Išeiga: 4

Ingridientai
- 1 pakuotė (16 oz.) Veršienos kukuliai
- 4 amatininkų paplotėlių plutos
- 4 česnako skiltelės, susmulkintos
- 1 puodelis plonais griežinėliais supjaustyto raudonojo svogūno
- 2 puodeliai marinara padažo
- 1 valgomasis šaukštas alyvuogių aliejaus
- 1 arbatinis šaukštelis sausų itališkų prieskonių
- 10 oz. šviežių mocarelos gabalėlių, supjaustytų
- 4 uncijos. nenugriebto pieno rikotos sūrio
- 4 šaukštai plonais griežinėliais pjaustyto šviežio baziliko

Nurodymai:
a) Įkaitinkite orkaitę iki 425 laipsnių pagal Farenheitą.
b) Virkite kotletus pagal pakuotės nurodymus ir atidėkite juos į šalį.
c) Didelėje keptuvėje ant vidutinės ugnies įkaitinkite alyvuogių aliejų, tada suberkite raudonąjį svogūną ir česnaką ir kepkite, retkarčiais pamaišydami, 4–5 minutes, kol taps skaidrus ir kvapnus.
d) Paruoškite paplotį ant sausainių skardos, išklotos pergamentiniu popieriumi.
e) Ant kiekvienos papločio tešlos tolygiai užtepkite 1/2 puodelio marinaros padažo, tada pagardinkite sausais itališkais prieskoniais.
f) Ant kiekvieno papločio uždėkite po 5-6 mocarelos griežinėlius.
g) Iškepusius kotletus supjaustykite apskritimais ir tolygiai paskirstykite po kiekvieną paplotį. Padalinkite raudonąjį svogūną ir česnaką tarp kotletų.
h) Kepkite papločius 8 minutes. Išimkite paplotėlius iš orkaitės ir kiekvieną užtepkite po 4 šaukštus rikotos sūrio, tada grįžkite į orkaitę dar 2 minutėms, kad rikota sušiltų.
i) Išimkite paplotį iš orkaitės, apibarstykite šviežiu baziliku ir palikite 2 minutėms, kad atvėstų.
j) Supjaustykite ir patiekite iš karto.

KANOLĖ

41. Nekepamas šokolado traškučių Cannoli sūrio pyragas

Padaro: 8 porcijos

INGRIDIENTAI:
- 4 uncijos cannoli lukštų
- ½ stiklinės cukraus
- ½ puodelio graham krekerių trupinių
- ⅓ stiklinės sviesto, lydyto

UŽPILDYMAS:
- Dvi 8 uncijų grietinėlės sūrio pakuotės, suminkštintos
- 1 puodelis konditerinio cukraus
- ½ arbatinio šaukštelio tarkuotos apelsino žievelės
- ¼ arbatinio šaukštelio malto cinamono
- ¾ puodelio nugriebto rikotos sūrio
- 1 arbatinis šaukštelis vanilės ekstrakto
- ½ arbatinio šaukštelio romo ekstrakto
- ½ puodelio miniatiūrinių pusiau saldžių šokolado drožlių
- Susmulkintos pistacijos, neprivaloma

INSTRUKCIJOS:
a) Kanolio kevalus sutrinkite virtuviniu kombainu, kol susidarys stambūs trupiniai. Įpilkite cukraus, krekerių trupinių ir lydyto sviesto; pulsas tik iki susijungimo. Paspauskite riebalais išteptą 9 colių apačią ir viršų. pyrago lėkštė. Šaldykite, kol sutvirtės, apie 1 val.

b) Suplakite pirmuosius 4 įdaro ingredientus, kol susimaišys. Įmuškite rikotos sūrį ir ekstraktus. Įmaišykite šokolado drožles. Paskirstykite į plutą.

c) Šaldykite, uždengę, kol sustings, apie 4 valandas. Jei norite, apibarstykite pistacijomis.

42. **Baileys cannoli**

INGRIDIENTAI:

- 500 g šviežios rikotos, nusausintos
- 1/3 stiklinės smulkaus cukraus
- 1/4 puodelio Baileys airiško kreminio likerio
- 3/4 puodelio tamsaus šokolado drožlių, smulkiai pjaustytų
- 1/4 puodelio lazdyno riešutų, skrudintų, smulkiai pjaustytų
- 1/4 puodelio pistacijų, smulkiai pjaustytų
- 2 šaukštai pieno
- 15 mini cannoli lukštų

INSTRUKCIJOS:

a) Į dubenį sudėkite rikotą, cukrų ir 30 ml Baileys. Išplakti kartu iki vientisos masės.

b) Jei mišinys atrodo sausas, įpilkite šiek tiek pieno, kol susidarys tiršta konsistencija.

c) Riešutus sumaišykite dubenyje. Į rikotos mišinį įpilkite 1/4 puodelio susmulkinto šokolado kartu su dviem trečdaliais riešutų, maišykite, kol susimaišys. Rikotos mišinį dėkite į šaldytuvą 1 valandai arba kol atvės.

d) Tuo tarpu į nedidelį puodą supilkite pieną, likusius batelius ir šokoladą.

e) Virkite, maišydami, ant mažos ugnies 1–2 minutes arba iki vientisos masės, neužvirinkite.

f) Naudokite vamzdžių maišelį su 1 cm grioveliu antgaliu, kad rikotos mišinį susmulkintumėte į abu kanapių kevalų galus.

g) Ant serviravimo lėkštės sudėkite kanoles. Apšlakstykite šokolado padažu ir pabarstykite likusiais riešutais.

h) Likusį šokoladą supilkite į nedidelį ąsotį ir patiekite su cannoli.

43. Oro gruzdintuvė Cannoli

Gamina: 4

INGRIDIENTAI:
UŽPILDYMAS:
- 1 indelis rikotos
- ½ puodelio maskarponės sūrio
- ½ puodelio cukraus pudros, padalinta
- ¾ puodelio riebios grietinėlės
- 1 arbatinis šaukštelis vanilės ekstrakto
- 1 arbatinis šaukštelis apelsino žievelės
- ¼ arbatinio šaukštelio košerinės druskos
- ½ puodelio mini šokolado drožlių, papuošimui

KRAUKLAI:
- 2 puodeliai universalių miltų
- ¼ puodelio granuliuoto cukraus
- 1 arbatinis šaukštelis košerinės druskos
- ½ arbatinio šaukštelio cinamono
- 4 šaukštai šalto sviesto, supjaustyto kubeliais
- 6 šaukštai baltojo vyno
- 1 didelis kiaušinis
- 1 kiaušinio baltymas aptepimui
- Augalinis aliejus kepimui

INSTRUKCIJOS:

a) Įdarui visus ingredientus suplakti mikseriu ir įmaišyti plaktą grietinėlę.
b) Šį įdarą uždenkite ir šaldykite 1 valandą.
c) Dubenyje sumaišykite visus lukšto ingredientus iki vientisos masės.
d) Uždenkite šią tešlą ir šaldykite 1 valandą.
e) Paruoštą tešlą iškočiokite į ⅛ colio storio lakštą.
f) Iš paruoštos tešlos išpjaukite 4 mažus apskritimus ir apvyniokite kaniolų formeles.
g) Paruoštą tešlą aptepkite kiaušinio plakiniu, kad krašteliai sutvirtėtų.
h) Įdėkite lukštus į kepimo oro krepšį.
i) Perkelkite krepšelį į „Air Fryer" orkaitę ir uždarykite dureles.
j) Pasirinkite „Air Fry" režimą sukdami ratuką.
k) Paspauskite mygtuką TIME/SLICES ir pakeiskite reikšmę į 12 minučių.
l) Paspauskite TEMP/SHADE mygtuką ir pakeiskite reikšmę į 350 °F.
m) Norėdami pradėti gaminti, paspauskite Start/Stop.
n) Įdarą sudėkite į konditerinį maišelį su atvira žvaigždute. Įdarą supilkite į lukštus, o galus pamerkite į mini šokolado drožles.
o) Paruoštą įdarą perkelkite į vamzdžių maišelį.
p) Supilkite įdarą į cannoli lukštus.
q) Tarnauti.

44. Cannoli su rikotos įdaru

Padaro: 12 porcijų

INGRIDIENTAI:
- 1⅓ puodelio miltų
- 1 valgomasis šaukštas Sutrumpinimas Žiupsnelis druskos
- 1 svaras Ricotta
- 2 arbatiniai šaukšteliai Pusiau saldaus šokolado drožlių
- 1 valgomasis šaukštas cukruotų apelsinų žievelių, smulkiai supjaustykite
- ½ arbatinio šaukštelio cukraus vyno, saldaus arba sauso
- 1 Jigger creme de kakavos ar kito likerio
- 2 šaukštai Cukrus

INSTRUKCIJOS:
a) Sumaišykite miltus, cukrų, druską ir cukrų. Įpilkite tiek vyno, kad susidarytų standi, bet tinkama tešla.
b) Susukti į rutulį; palikite pastovėti 1 valandą. Iškočiokite ⅛ colio storio tešlą. Supjaustykite 5 colių kvadratais.
c) Padėkite cannoli vamzdelį skersai aikštės kampų. (Cannoli vamzdis turi būti 8 colių ilgio ir 1 colio skersmens).
d) Pirmiausia užlenkite vieną kampą aplink vamzdelį, tada kitą ir suspauskite.
e) Kepkite giliuose riebaluose po vieną iki tamsiai auksinės rudos spalvos.
f) Kanoles atsargiai išimkite ir prieš užpildydami leiskite atvėsti.

45. Pistacijos ir pabarstukai Cannoli

Padaro: 16 porcijų

INGRIDIENTAI:
- 1½ puodelio nenugriebto pieno rikotos sūrio; gerai nusausintas
- 3 šaukštai Cukrus
- 1½ arbatinio šaukštelio cinamono
- 1 puodelis universalių miltų
- 1 valgomasis šaukštas cukraus
- 1 valgomasis šaukštas sviesto arba taukų
- 4 šaukštai saldaus Marsala vyno
- 1½ puodelio pieniško šokolado; stambiai sukapoti
- ¼ puodelio pistacijų riešutų; stambiai supjaustyto arba sauso baltojo vyno
- 2 puodeliai Augalinis aliejus
- Spalvoti pabarstukai
- Konditerijos cukrus

INSTRUKCIJOS:

a) Dubenyje sumaišykite visus įdaro ingredientus ir gerai išmaišykite.

b) Šaldykite, uždengę, kol būsite užpildyti cannoli lukštais.

c) Norėdami pagaminti tešlą, suberkite miltus į dubenį arba virtuvinį kombainą. Suberkite sviestą arba kiaulinius taukus ir cukrų ir maišykite šakute arba ankštiniu koše, kol mišinys taps panašus į rupius miltus. Lėtai įpilkite ¼ puodelio vyno ir iš mišinio suformuokite rutulį; įpilkite dar šiek tiek vyno, jei tešla atrodo per sausa. Jis turėtų būti minkštas, bet ne lipnus. Minkykite tešlą ant miltais pabarstyto paviršiaus iki vientisos masės, apie 10 minučių. Suvyniokite tešlą ir šaldykite 45 minutes.

d) Atvėsusią tešlą dėkite ant miltais pabarstyto darbinio paviršiaus. Padalinkite tešlą per pusę. Vienu metu dirbkite su 1 gabalėliu tešlos; likusią tešlą laikykite šaldytuve. Tešlą iškočiokite į labai ploną ilgą maždaug 14 colių ilgio ir 3 colių pločio stačiakampį rankiniu būdu arba naudodami makaronų aparatą, nustatytą geriausiu nustatymu. Supjaustykite tešlą į 3 colių kvadratus. Įdėkite kanolių formą įstrižai per 1 kvadratą. Tešlą iškočiokite aplink formą, kad taškai susidurtų centre. Uždenkite taškus nedideliu kiekiu vandens. Tęskite cilindrų kūrimą, kol sunaudosite visą tešlą.

e) Elektrinėje keptuvėje įkaitinkite augalinį aliejų iki 375 F. Kepkite kanolius po 3 arba 4 vienu metu, apversdami juos, kol jie paruduos ir susidėlios pūsleles, kol iš visų pusių taps auksinės rudos spalvos. Nusausinkite juos ant rudo popieriaus. Kai jie pakankamai atvės, kad galėtumėte tvarkyti, atsargiai nuimkite kaniles nuo formelių.

f) Norėdami patiekti, naudokite ilgą ledinį arbatinį šaukštelį arba konditerinį maišelį be antgalio ir užpildykite kanolius rikotos sūrio mišiniu. Pamerkite galus į spalvotus pabarstukus, išdėliokite ant padėklo, o viršų pabarstykite konditeriniu cukrumi. Patiekite iš karto.

46. Marsala Wine Cannoli

Padaro: 4 porcijos

INGRIDIENTAI:
- 1⅓ puodelio miltų
- Žiupsnelis druskos
- ½ arbatinio šaukštelio cukraus
- 1 valgomasis šaukštas tarkuotos apelsino arba citrinos žievelės
- 1 svaras Ricotta sūrio
- 2 šaukštai miniatiūrinių šokolado gabaliukų arba
- Nuskustas pusiau saldus šokoladas
- 1 valgomasis šaukštas sviesto
- Marsala vynas
- 1 plaktas kiaušinio baltymas
- Alyva; kepimui
- 1 valgomasis šaukštas Citrinos cukruotos arba glazūruotos
- Vaisiai; susmulkinta
- 2 šaukštai Cukrus

INSTRUKCIJOS:
a) MAkaronai: Sumaišykite miltus, druską, cukrų, citrusinių vaisių žievelę ir sviestą ir gerai išmaišykite. Po arbatinį šaukštelį dėkite Marsalą, kol tešla taps standi. Atvėsinkite 2 valandas. Ant lengvai miltais pabarstytos lentos iškočiokite tešlą į didelį stačiakampį.
b) Supjaustykite į 4 colių kvadratus. Apvyniokite kvadratėlius aplink cannoli vamzdelius, kad 2 kampai būtų užlenkti ir du kampai būtų nukreipti į išorę. Aptepkite besiliečiančius kampus kiaušinio plakiniu, kad jie suliptų.
c) Giliai kepti įkaitintame aliejuje iki auksinės spalvos. Atvėsinkite ir išimkite iš vamzdelių. Užpildykite.
d) Padaro nuo 10 iki 12 cannoli. Jei neturite cannoli vamzdelių, iš tvirtos aliuminio folijos padarykite 2 colių skersmens vamzdelius ir atitinkamai sulenkite tešlą.
e) UŽPILDYMAS: Sumaišykite visus ingredientus ir užpilkite kanolius.

47. Apelsiny Cannoli

Padaro: 1 porcija

INGRIDIENTAI:
- 5½ puodelio universalių miltų
- ¼ arbatinio šaukštelio cinamono
- 1 arbatinis šaukštelis Cukrus
- 1 arbatinis šaukštelis nesaldintos kakavos miltelių
- 2 šaukštai nesūdyto sviesto
- 3 šaukštai Marsala
- 1 svaras avių pieno rikotos
- ½ puodelio Superfine cukraus
- 1 valgomasis šaukštas vanilės
- 4 šaukštai apelsino žievelės
- ¼ puodelio mažų šokolado drožlių
- 1 kiaušinio baltymas; lengvai sumuštas
- 2 litrų rapsų aliejaus; kepimui
- Cukraus pudra; dulkių valymui

INSTRUKCIJOS:
a) Sumaišykite sausus ingredientus ir supjaustykite sviestą 2 peiliais. Įdėkite Marsalą ir suformuokite tešlą į rutulį. Suvyniokite į plastiką ir atšaldykite.
b) Įkaitinkite 2 litrus rapsų aliejaus 31/2 litrų puode iki 350 laipsnių.
c) Dubenyje sumaišykite rikotą, cukrų, vanilę, apelsino žievelę ir šokolado drožles, kol gerai susimaišys. Sudėkite į konditerinį maišelį atviru antgaliu ir padėkite į šaldytuvą. Išimkite tešlą iš šaldytuvo ir padalinkite į 4 dalis. Vieną gabalą iškočiokite ant lygaus paviršiaus kočėlu iki 1/16 colio storio. Supjaustykite 4 colių apskritimais. Naudodami kočėlą, pailginkite apskritimus į ovalus. Apvyniokite ovalus išilgai aplink metalines formas ir užklijuokite kraštą kiaušinio baltymu. Atplėšiami galai pirštais ir dedami į karštą aliejų ir kepami iki auksinės rudos spalvos, maždaug 2–3 minutes. Išimkite ir leiskite nuvarvėti ant popierinių rankšluosčių. Kai pakankamai atvės, kad galėtumėte liesti, susukite formas nuo kevalų. Kriauklės gali būti pagamintos prieš 1 dieną ir likti neužpildytos ir neuždengtos. Paruošę valgyti, cannoli įdarykite rikotos kremu, pabarstykite cukraus pudra ir patiekite.

48. Oranžinė Curaçao Cannoli

Padaro: 12 porcijų

INGRIDIENTAI:
- 1¾ puodelio miltų; maždaug
- 1 valgomasis šaukštas cukraus
- ¼ arbatinio šaukštelio druskos
- 1 arbatinis šaukštelis cinamono
- 3 šaukštai Vyno acto; (išlaiko juos traškius)
- 1 Kiaušinis
- 1 šaukštas sviesto arba margarino; kambario temperatūroje
- 1 svaras Ricotta sūrio
- ½ puodelio konditerinio cukraus
- ¼ arbatinio šaukštelio vanilės ekstrakto
- 2 šaukštai Smulkiai sumaltos cukruotos apelsino žievelės; arba citrina
- 3 šaukštai šokolado
- ½ arbatinio šaukštelio cinamono
- 2 šaukštai "Orange Curacao"; (neprivaloma)
- 1 kiaušinio baltymas; valyti
- ¼ puodelio kapotų pistacijų; ar kitų riešutų papuošimui; (neprivaloma)
- 1 valgomasis šaukštas konditerinio cukraus; pabarstyti
- Alyva; giliai kepti

INSTRUKCIJOS:
TEŠLA:

a) Naudokite elektrinį maišytuvą. Dubenyje išmatuokite 1 puodelį miltų, cukraus, druskos ir cinamono. Pritvirtinkite dubenį ir tešlos kabliuką.

b) Įjunkite vidutinį-lėtą greitį ir maišykite maždaug 45 sekundes. Maišytuvui veikiant supilkite actą, vandenį, kiaušinį ir sviestą. Maišykite, kad susimaišytų 2–3 minutes.

c) Įpilkite likusių miltų po ¼ puodelio, jei reikia, kad gautumėte tešlą, kuri priliptų prie kabliuko.

d) Minkyti 5 minutes. Jei tešla prilimpa prie dubens kraštų, įberkite miltų. Tešla bus lygi ir elastinga.

e) Minkštą tešlą suvyniokite į foliją arba plastiką ir laikykite šaldytuve, kad atsipalaiduotų ir atvėstų bent 1 val.

f) Įkaitinkite bent 2 colius augalinio aliejaus iki 375 laipsnių.

g) Padėkite tešlą ant miltais pabarstyto darbinio paviršiaus ir iškočiokite itin plonai – 1/16 colio ar mažiau! Neskubėk. Kai tešla atsitrauks, leiskite jai atsipalaiduoti. Jei jis suminkštėja ir prilimpa, grąžinkite į šaldytuvą 5 ar 10 minučių.

h) Iškirpkite 4,5 colio apskritimus (daugelio mažų margarino vonelių dangčių dydžio!) Iškočiokite tešlos likučius ir tęskite, kol visa tešla bus panaudota. Turėtumėte turėti 12–14 apskritimų.

i) Kai apskritimai bus supjaustyti, prieš pat dėdami ant cannoli vamzdelių vėl susukite. Tai suteiks jiems ovalo formą, maždaug 5 colių x 4 ½ colio.

j) Tešlą dėkite taip, kad jos ilgiausias matmuo būtų metalinio vamzdelio ilgis. Tešlos galą aptepkite kiaušinio plakiniu, kad sustingtų. Mokama tešla ant vamzdelio.

k) Gilus kepimas. Laikas priklausys nuo lukštų storio. Labai plonam apvalkalui prireiks maždaug 2 minučių. Storesnis apvalkalas gali užtrukti iki 6 minučių. Kepkite du ar tris vienu metu.

l) Kepdami vieną kartą apverskite. Kepkite iki auksinės rudos spalvos. Nuimkite žnyplėmis. Kelias minutes atvėsinkite, tada stumkite vamzdelius, kad galėtumėte vėl naudoti. Prieš pildydami lukštus, visiškai atvėsinkite.

UŽPILDYMAS:

m) Grietinėlę rikotos sūrį sutrinkite dubenyje mentele ar mediniu šaukštu arba elektriniu plaktuvu iki vientisos masės, apie 5 minutes. Įpilkite konditerių cukraus, vanilės, cukruotų vaisių, šokolado, cinamono ir apelsinų kiurasao. Tęskite plakimą dar 4 ar 5 minutes.

n) Šaldykite, kol būsite pasiruošę užpildyti lukštus.

o) Mažu šaukštu įdarą kimškite į lukštus. Pamerkite galus susmulkintuose riešutuose. Ant lukštų persijokite konditerių cukrų ir patiekite.

49. Amaretto Cannoli

Padaro: 6 porcijos

INGRIDIENTAI:
- 2¾ puodelio universalių miltų; išsijoti
- 2 šaukštai Cukrus
- ¼ puodelio sviesto
- 1 Kiaušinio; sumuštas
- ⅔ puodelio Marsala vyno; arba chereso ar saldaus vyno
- 1 Kiaušinio baltymas
- Alyva; kepimui
- 1 svaras Ricotta sūrio
- 2 stiklinės konditerinio cukraus; išsijoti
- ⅓ puodelio cukruotų vaisių; smulkiai pjaustytų (sumaišytų su cukruotomis vyšniomis)
- 2 uncijos Bittersweet šokolado drožlių
- 2 šaukštai Amaretto; arba Maraschino likeris

INSTRUKCIJOS:
a) Tešla: Sumaišykite miltus ir cukrų ir supjaustykite sviestą. Palaipsniui įpilkite kiaušinį ir vyną, tada suformuokite rutulį. Minkykite tešlą iki vientisos masės, apie 5 minutes.
b) Uždenkite ir palikite pastovėti mažiausiai 1 valandą.
c) Įdaras: Rikotos sūrį per sietelį išspauskite į maišymo dubenį. Įpilkite cukraus, pasilikdami 2 šaukštus. Įdėkite cukruotų vaisių su vyšniomis ir šokolado drožlėmis. Atšaldykite šaldytuve.
d) Tuo tarpu ant miltais pabarstyto paviršiaus iškočiokite tešlą į popierinius, maždaug 4 colių skersmens apskritimus. Apvyniokite alyvuogių aliejumi išteptus kanolių vamzdelius. Aptepkite kiaušinio plakiniu ant atvarto, kad užsandarintumėte.
e) Įkaitinkite aliejų iki 380 F ir kepkite tešlą. Nusausinkite ant kelių popierinių rankšluosčių sluoksnių. Atvėsinkite, tada atsargiai ištraukite metalinius vamzdelius. Paruošę patiekti, o ne anksčiau, nes tešla taps įmirkusi, įpilkite per didžiausią konditerinio maišelio antgalį. Kiekviename gale įdėkite keletą šokolado drožlių į įdarą.
f) Pabarstykite likusiu konditerijos cukrumi ir nedelsdami patiekite.

50. Cannoli alla Siciliana

Padaro: 12 porcijų

INGRIDIENTAI:
KRAUKLAI:
- 2 puodeliai universalių miltų
- 2 šaukštai Sutrumpinimas
- 1 arbatinis šaukštelis Cukrus
- ¼ arbatinio šaukštelio druskos
- ¾ puodelio Vyno, Marsala, Burgundijos arba Chablis
- Daržovių aliejus

UŽPILDYMAS:
- 3 puodeliai Ricotta
- ½ stiklinės konditerinio cukraus
- ¼ puodelio cinamono
- ½ kvadrato nesaldintas
- Šokoladas tarkuotas ARBA
- ½ šaukšto kakavos (abu nebūtina)
- ½ arbatinio šaukštelio vanilės
- 3 šaukštai citrinos žievelės, susmulkintos
- 3 šaukštai Apelsinų žievelės, cukruotos, susmulkintos
- 6 Smulkinkite vyšnias, supjaustykite

INSTRUKCIJOS:

a) KELIAI: Sumaišykite miltus, cukrų ir druską, o palaipsniui suvilgykite vynu, minkykite pirštais, kol susidarys gana kieta tešla arba pasta. Suformuokite rutulį, uždenkite audiniu ir palikite pastovėti apie 1 valandą.

b) Tešlą perpjaukite per pusę ir pusę tešlos iškočiokite į ploną, maždaug ¼ colio storio lakštą.

c) Supjaustykite į 4 colių kvadratus. Įstatykite metalinį vamzdelį įstrižai kiekvieno kvadrato nuo vieno taško iki kito, apvyniokite tešlą aplink vamzdelį, uždengdami du taškus, o persidengiančius taškus užsandarinkite trupučiu kiaušinio baltymo.

d) Tuo tarpu didelėje gilioje keptuvėje įkaitinkite augalinį aliejų, kad keptumėte. Į karštą aliejų įmeskite po vieną ar du vamzdelius. Švelniai kepkite, kol tešla taps auksinės rudos spalvos.

e) Išimkite iš keptuvės, leiskite atvėsti ir švelniai nuimkite apvalkalą nuo metalinio vamzdelio.

f) Lukštus atidėkite į šalį atvėsti. Kartokite procedūrą, kol bus pagaminti visi apvalkalai.

g) Įdaras: Rikotą kruopščiai sumaišykite su išsijotais sausais ingredientais. Įpilkite vanilės ir vaisių žievelės. Išmaišykite ir gerai išmaišykite.

h) Prieš užpildydami lukštus, atvėsinkite šaldytuve.

i) Užpildykite šaltus kanilių kevalus; tolygiai užpildykite kiekvieną apvalkalo galą. Kiekvieną galą papuoškite vyšnios gabalėliu, o lukštus pabarstykite konditerių cukrumi. Šaldykite, kol paruošite patiekti.

j) Tai geriausia, jei jie užpildomi prieš pat jūsų įmonės atvykimą.

51. Cannoli kreminė pica

Padaro: 1 porcija

INGRIDIENTAI:
- Desertinės picos lukštai
- 1 stiklinė konditerinio cukraus
- 6 puodeliai Ricotta sūrio, gerai nusausinto
- 1¼ puodelio cukruotų vaisių, smulkiai pjaustytų
- 2 arbatiniai šaukšteliai vanilės ekstrakto
- 2 uncijos pusiau saldžių miniatiūrinių šokolado drožlių
- Nesūdytos pistacijos, stambiai supjaustytos
- Nesaldinti kakavos milteliai

INSTRUKCIJOS:
a) Virtuviniame kombaine arba maišytuvo dubenyje išplakite konditerių cukrų su rikotos sūriu iki vientisos ir kreminės masės.
b) Sulenkite cukruotus vaisius, vanilę ir šokolado drožles. Prieš naudojimą atvėsinkite uždengę dvi ar tris valandas.
c) Ant iškeptos picos lukšto uždėkite sluoksnį cannoli kremo.
d) Susmulkintas pistacijas pabarstykite ant sūrio. Jei norite, lengvai pabarstykite kakavos milteliais.

52. **Cannoli pyragas**

Padaro: 1 porcija

INGRIDIENTAI:
- 1½ svaro Ricotta sūrio
- 1½ puodelio konditerinio cukraus
- 3 šaukštai riebios grietinėlės
- 12 Vyšnių, supjaustytų ketvirčiais
- 2 uncijos Baker saldaus šokolado
- 2 uncijos pjaustytų migdolų
- 1 Paruošta šokoladinė pluta
- Tarkuotas kepėjų saldus šokoladas

INSTRUKCIJOS:
a) Dideliame dubenyje sumaišykite rikotos sūrį, konditerių cukrų ir riebią grietinėlę; gerai išmaišykite iki vientisos ir kreminės masės.
b) Įpilkite vyšnių, 2 uncijos šokolado ir migdolų; maišykite, kad susimaišytų.
c) Supilkite į paruoštą plutą. Jei norite, papuoškite tarkuotu šokoladu.
d) Uždenkite folija ir užšaldykite 3 valandas prieš patiekiant. (Jei pyragas taps vientisas, prieš patiekdami leiskite šiek tiek suminkštėti.

53. Cannoli vaikams

Padaro: 10 porcijų

INGRIDIENTAI:
- 15 uncijų nugriebto rikotos sūrio
- ⅔ puodelio konditerių cukraus
- ½ arbatinio šaukštelio tarkuotos apelsino žievelės
- ½ arbatinio šaukštelio vanilės ekstrakto
- 2 šaukštai miniatiūrinių šokolado drožlių
- 10 cukrinių ledų kūgių

INSTRUKCIJOS:

a) Dideliame dubenyje elektriniu maišytuvu išplakite rikotos sūrį, cukrų, apelsino žievelę ir vanilę iki vientisos masės. Įmaišykite šokolado drožles. Uždenkite ir šaldykite 30 minučių.

b) Norėdami patiekti, supilkite mišinį tiesiai į ledų kūgius arba į dekoravimo maišelį be antgalio, o tada supilkite į kūgius.

54. Cannoli lukštai ir įdaras

Padaro: 1 porcija

INGRIDIENTAI:
- 1½ stiklinės miltų
- ½ arbatinio šaukštelio Kepimo miltelių
- 1 Kiaušinio baltymas
- ¼ arbatinio šaukštelio druskos
- 2 šaukštai Sviesto
- 8 uncijos Ricotta sūrio
- ½ stiklinės plaktos grietinėlės
- ¼ puodelio cukraus pudros
- 1 arbatinis šaukštelis vanilės
- ¼ puodelio miniatiūrinių šokolado drožlių

INSTRUKCIJOS:
a) Išsijokite miltus, druską ir kepimo miltelius. Supjaustykite sviestu; gerai išminkyti. Ant miltais pabarstytos lentos iškočiokite tešlą iki 1/16 colio storio. Supjaustykite 4 colių kvadratais.

b) Su kočėlu susukite kvadratus į ovalus. Apvyniokite kiekvieną ovalą aplink Cannoli vamzdelį. Uždenkite kraštą kiaušinio plakiniu. Kepkite po 2 350 laipsnių aliejuje 1–2 minutes. Laikykite vamzdelius su pjaustymo pagaliukais, kad nutekėtų. Atvėsinkite 5 minutes. Atsargiai nuimkite vamzdelius. Padaro 12 kriauklių.

c) Įdaras: trintuve sumaišykite sūrį, grietinėlę, cukrų ir vanilę. Sulenkite šokolado drožles. Užpildykite Cannoli lukštus. Pabarstykite cukraus pudra. Papuoškite šokolado sirupu. Užpildykite 12 lukštų.

55. Cannoli užkandžiai

Padaro: 50 porcijų

INGRIDIENTAI:
- 8 uncijos nugriebto rikotos sūrio
- 3 šaukštai konditerinio cukraus
- 1 arbatinis šaukštelis tarkuotos apelsino žievelės
- 50 Melbos apvalių arba kepsnių
- ¼ puodelio cinamono arba kakavos miltelių; paragauti

INSTRUKCIJOS:
a) Mažame dubenyje sumaišykite sūrį, cukrų ir apelsino žievelę.
b) Ant kiekvieno melbos raundo užtepkite apie 1 arbatinį šaukštelį mišinio.
c) Pabarstykite cinamonu arba kakava.

56. Šokoladinės kanolės

Padaro: 9 porcijos

INGRIDIENTAI:
- 1 svaras Ricotta - nusausinkite, jei reikia
- 1 puodelis cukraus pudros
- ½ puodelio graikinių riešutų, skrudintų, susmulkintų
- 1 puodelis Miltų – universalūs
- 1 arbatinis šaukštelis Kepimo milteliai
- 1 arbatinis šaukštelis cukraus pudros
- Žiupsnelis druskos
- ⅓ puodelio alaus
- 1 valgomasis šaukštas nesūdyto sviesto – kamb
- ⅓ puodelio Šokolado traškučiai – pusiau saldūs
- 1 arbatinis šaukštelis Apelsinų žievelė - tarkuota
- ½ arbatinio šaukštelio Laimo žievelės - tarkuotos temperatūros
- 1 kiaušinis - suplakti, kad susimaišytų
- 1 arbatinis šaukštelis vanilės
- Augalinis aliejus giliam kepimui

INSTRUKCIJOS:

a) UŽDARBUI: rikotą ir cukrų ištrinkite kombainu iki vientisos masės.

b) Perkelkite į didelį dubenį. Sumaišykite kitus 4 ingredientus. Uždenkite ir šaldykite, kol gerai atšals. (Galima paruošti 1 dieną į priekį.)

c) Prieš naudodami įdarą pašildykite iki kambario temperatūros.

d) TEŠLAI: dideliame dubenyje sumaišykite miltus, kepimo miltelius, cukrų ir žiupsnelį druskos. Gerai padarykite centre. Į šulinį įpilkite alaus, sviesto, pusę kiaušinio (likusį pasilikti kitam naudojimui) ir vanilę. Palaipsniui traukite miltus nuo šulinio krašto į centrą, kol visi miltai bus įtraukti. Ant lengvai miltais pabarstyto paviršiaus minkykite tešlą iki vientisos masės.

e) Uždenkite ir palikite pastovėti 1 valandą. Tešlą iškočiokite į 12 colių kvadratą.

f) Supjaustykite į devynis 4 colių kvadratus. Apvyniokite 1 kvadratą aplink kiekvieną kaniolų formą, sutepkite kraštus vandeniu ir švelniai paspauskite, kad užsandarintumėte. Įkaitinkite aliejų gruzdintuvėje arba didelėje keptuvėje iki 350 F.

g) Dalimis sudėkite kanolių ir kepkite iki auksinės rudos spalvos, retkarčiais apversdami, maždaug 4 minutes. Nusausinkite ant popierinių rankšluosčių. Nuimkite kevalus nuo kanilių formų.

h) Saunus. Supilkite į konditerinį maišelį be antgalio. Vamzdžio įdaras į cannoli lukštus.

57. Šokoladu padengtos kanolės

Padaro: 12 porcijų

INGRIDIENTAI:
- 2 puodeliai rikotos sūrio
- 1 puodelis konditerinio cukraus
- 1 valgomasis šaukštas gryno vanilės ekstrakto
- 2 šaukštai romo
- 12 cannoli lukštų
- ½ svaro pusiau saldaus šokolado; ištirpo
- 2 šaukštai cukruotų citrinų žievelių
- 2 šaukštai cukruotų apelsinų žievelių

INSTRUKCIJOS:

a) Dubenyje suplakite sūrį, cukrų, vanilę ir romą. Gerai ismaisyti.

b) Užpildykite konditerinį maišelį sūrio mišiniu. Užpildykite kiekvieną cannoli lukštą maždaug ¼ puodelio įdaro. Kepimo skardą išklokite pergamentu arba vaškiniu popieriumi. Į ištirpintą šokoladą pamerkite pusę kiekvienos kanolės.

c) Likusią pusę apibarstykite cukruotomis citrinų ir apelsinų žievelėmis.

d) Dėkite ant pergamentinio popieriaus ir šaldykite, kol šokoladas sustings.

58. Šokoladinės pistacijos cannolis

Padaro: 12 porcijų

INGRIDIENTAI:
- ½ pakuotės (11,5 uncijos) „Nestle Toll House" pieninio šokolado kąsnelių
- 1 dėžutė (15 uncijų) Ricotta sūrio
- 2 pakeliai (3 uncijos) grietinėlės sūrio; suminkštėjo
- 2 šaukštai išsijoto konditerinio cukraus
- 2 šaukštai kapotos citrinos
- 1 arbatinis šaukštelis vanilės ekstrakto
- 12 Paruoštų 5 colių cannoli lukštų
- ⅓ puodelio smulkiai pjaustytų pistacijų riešutų

INSTRUKCIJOS:

a) Ištirpinkite virš karšto (ne verdančio) vandens, Nestle Toll House pieninio šokolado kąsnelius; maišykite iki vientisos masės. Nuimkite nuo ugnies; atvėsinti iki kambario temperatūros. Dideliame dubenyje išplakite rikotos sūrį iki vientisos masės.

b) Įpilkite grietinėlės sūrio, konditerių cukraus, citrinos ir vanilės ekstrakto; gerai mušti.

c) Įmaišykite ištirpintus kąsnelius. Supilkite į kanilių lukštus. Pamerkite galus į riešutus.

d) Atvėsinkite, kol paruošite patiekti.

59. Neriebios kanolės su aviečių padažu

Padaro: 6 porcijos

INGRIDIENTAI:
- 2 konteineriai; (15 uncijų) neriebaus rikotos sūrio
- 12 Wonton; (4 colių) įvynioklius
- Sviesto skonio kepimo purškalas
- 1 arbatinis šaukštelis kukurūzų krakmolo, ištirpinto 1 šaukštelyje vandens; (pastatai)
- 6 šaukštai cukraus
- ½ arbatinio šaukštelio vanilės ekstrakto
- ¼ arbatinio šaukštelio migdolų ekstrakto
- 3 stiklinės šviežių aviečių
- 2 šaukštų konditerinio cukraus; iki 4
- 2 arbatiniai šaukšteliai citrinos žievelės
- 1 valgomasis šaukštas Susmulkintas; lengvai skrudintų pistacijų riešutų

INSTRUKCIJOS:
a) Rikotą nusausinkite 6–8 valandas
b) Įkaitinkite orkaitę iki 400 laipsnių F. Lengvai apipurkškite 12 cannoli vamzdelių virimo purkštuvu. Pradėdami nuo kampų, apvyniokite vontonus aplink vamzdelius. Klijuokite su dab arba kukurūzų krakmolo pasta. Lengvai apipurkškite kanolių išorę. Dėkite ant kepimo skardos ir kepkite iki auksinės rudos spalvos ir traškumo, maždaug 4–6 min. Leiskite šiek tiek atvėsti, tada nuimkite tešlą iš vamzdelių. Atvėsinkite ant grotelių.
c) Įdaras: Dideliame dubenyje išplakite rikotą, cukrų ir ekstraktus. Atidėkite arba perkelkite į konditerinį maišelį su ½ colio. žvaigždės patarimas.
d) Padažas: Avietes sutrinkite virtuviniu kombainu. Tyrę perkoškite per sietelį į dubenį. Supilkite konditerinį cukrų ir citrinos žievelę. (Receptą galima paruošti prieš kelias valandas iki šio etapo.) 5. Naudodami konditerinį maišelį arba arbatinį šaukštelį, į kiekvieną lukštą įdėkite ¼ c mišinio. Pabarstykite galus susmulkintomis pistacijomis.

e) Norėdami patiekti, ant desertinių lėkščių supilkite aviečių padažą.

f) Ant kiekvienos lėkštės ant aviečių padažo sudėkite po 2 kanoles ir nedelsdami patiekite.

60. Glazūruotos vyšnių cannoli

Padaro: 1 porcija

INGRIDIENTAI:
- 1 svaras išsijotų miltų
- ¼ arbatinio šaukštelio cinamono
- 1 valgomasis šaukštas tirpios kavos miltelių
- Nutarkuota pusės citrinos žievelė
- 2 uncijos cukraus
- 1 Kiaušinis šiek tiek pamuštas
- 1 Kiaušinio trynys šiek tiek išplaktas
- 2 šaukštai kepimo aliejaus
- ½ puodelio pusiau saldaus vyno
- Papildomi 2 tryniai; šiek tiek sumuštas
- Riebalai gruzdinimui
- 1½ svaro Ricotta
- 4 uncijos cukraus pudros
- 4 uncijos Geriamasis šokoladas
- 4 uncijos glazūruoti šeriai
- 4 uncijos skrudintų migdolų [smulkintų]

INSTRUKCIJOS:

a) Tešla – į dubenį sumaišykite ir išsijokite miltus, cinamoną ir kavą. Įmaišykite citrinos žievelę, cukrų, kiaušinį ir kiaušinio trynį bei aliejų.

b) Maišykite rankomis, įpildami tiek vyno, kad ingredientai susijungtų ir susidarytų tešla. išverskite ant miltais pabarstytos lentos ir minkykite iki vientisos ir elastingos masės apie 10 minučių. Atvėsinkite tešlą keletą valandų.

c) Nupjaukite tešlos gabaliukus ir plonai iškočiokite. Iškirpkite maždaug 3½ colio x 5 colių stačiakampius ir apvyniokite kanolio vamzdelį [metalinį vamzdelį, kurio skersmuo yra maždaug 1 colis. ir apie 4–5 colių ilgio] Užsandarinkite kraštus aptepdami likusiais kiaušinio tryniais.

d) Kepkite du ar tris vienu metu, įmesdami suvyniotą vamzdelį į gilius karštus riebalus. iki šviesiai rudos spalvos, apie vieną minutę.

e) Nusausinkite ant sugeriančio popieriaus: leiskite šiek tiek atvėsti, tada išstumkite kauburėlį iš vieno galo.

f) Paruoškite įdarą plakdami rikotą iki vientisos masės, tada pabarstykite geriamuoju šokoladu ir cukraus pudra ir gerai išmaišykite.

g) Sumaišykite kitus ingredientus, palikdami šiek tiek smulkintų migdolų. Prieš patiekdami įpilkite kanolių rikotos įdaru, o galus pamerkite į skrudintus kapotus migdolus.

61. Wonton cannoli

Padaro: 4 porcijos

INGRIDIENTAI:
24 wonton skinai
Žemės riešutų aliejus giliai kepti
Stambiai malti nesūdyti pistacijų riešutai
Papildomas konditerių cukrus
Mėtų šakelės

UŽPILDYMAS:
1 svaras neriebaus Ricotta sūrio, išplakto tolygiai
½ c išsijoto konditerinio cukraus
1 arbatinis šaukštelis gryno vanilės ekstrakto
⅓ c nuskusto pusiau saldaus šokolado

INSTRUKCIJOS:
a) Įkaitinkite aliejų gruzdintuvėje iki 375. Vienu metu dirbkite su 6 wonton odelėmis.

b) Likusią dalį laikykite gerai suvyniotą į vaškuotą popierių ir uždengtą lengvai sudrėkintu rankšluosčiu. Padėkite Wonton odą ant darbinio paviršiaus ir įstrižai per vidurį pastatykite cannoli vamzdelį. Jei neturite cannoli vamzdelio, suformuokite vamzdelį su aliuminio folija. Pakelkite odos šonus virš vamzdelio. Uždenkite persidengiančius antgalius šlakeliu vandens. Aplink likusius 5 vamzdelius suformuokite wonton apvalkalus. Kepkite po 2 vamzdelius karštame aliejuje siūle žemyn 30 sekundžių arba iki auksinės spalvos. Išimkite žnyplėmis ir nusausinkite ant popierinio rankšluosčio. Kol lukštai vis dar karšti, maža metaline mentele ir pirštais švelniai nustumkite juos nuo vamzdelių.

c) Pakartokite su likusiomis odelėmis ir įsitikinkite, kad vamzdeliai visiškai atvės, prieš apvyniodami oda.

Užpildymas:

d) Sumaišykite rikotą, cukrų, vanilę ir šokoladą.

e) Uždenkite ir atvėsinkite 2 valandas arba per naktį. Patiekti: šaukštu įdaro į kanilių kevalus. Čia labai pravers konditerinis maišelis arba nupjaukite sumuštinių maišelio kampą ir išspauskite mišinį. Kiekvieną įdaro galą pamirkykite pistacijose. Išdėliokite ant serviravimo lėkštės. Ant kiekvieno persijokite papildomo cukraus ir papuoškite mėtų šakelėmis.

62. Cannoli Gelato

Gamina: 5

INGRIDIENTAI:
- 2 puodeliai nenugriebto pieno
- ¼ puodelio kiaušinių trynių
- ½ puodelio baltojo granuliuoto cukraus
- ¼ šaukštelio vanilės ekstrakto
- ½ puodelio riebios grietinėlės
- ½ puodelio rikotos
- ⅛ šaukštelio druskos
- ½ puodelio susmulkintų kanolių lukštų
- ½ puodelio mini šokolado drožlių

INSTRUKCIJOS:
a) Nedideliame puode sumaišykite nenugriebtą pieną ir grietinę ir užvirinkite ant vidutinės ugnies. Išjunkite ugnį, kol ji užvirs, ir nukelkite keptuvę nuo karštos viryklės.
b) Įpilkite vanilės ekstrakto.
c) Kol laukiate, kol grietinėlės ir pieno mišinys užvirs, išplakite kiaušinių trynius ir cukrų, kol jie taps blyškūs ir putos. Norėdami atlikti šį veiksmą, galite naudoti elektrinį maišytuvą, nes turėsite kurį laiką plakti!
d) Kol plakate kiaušinių trynius, į trynius lėtai supilkite karštą pieno mišinį, nuolat plakdami ir pildami lėtai, kad netyčia neišvirtumėte kiaušinių su pieno karštimi.
e) Supilkite pieno ir kiaušinių mišinį atgal į puodą ir grįžkite į viryklę, virkite ant mažos ugnies, kol mišinys bus pakankamai tirštas, kad padengtų šaukšto nugarą ir nuolat maišykite. Neleiskite pienui užvirti ir, jei matote, kad mišinyje pradeda formuotis gumuliukai, nukelkite mišinį nuo ugnies ir perkoškite per sietelį.
f) Įmaišykite rikotą, kol gerai susimaišys.
g) Leiskite želato mišiniui atvėsti šaldytuve, visiškai uždengtą, mažiausiai 4 valandas arba, jei įmanoma, per naktį.
h) Kai želato mišinys atvės, supilkite jį į ledų mašiną ir užšaldykite želatą pagal ledų aparato nurodymus. Kai bus gaminama ledų mašinoje, želato bus minkštų patiektų ledų tekstūra.
i) Supilkite susmulkintus kanolių kevalus ir mini šokolado drožles ir supilkite į šaldikliui tinkamą indą ir padėkite į šaldiklį bent dviem valandoms. Patiekite skaniai ir šaltai, kai būsite pasiruošę mėgautis!

GRINDINYS

63. Žolelių polenta torta su špinatais, grybais ir rikota

Padaro: 8 porcijos

INGRIDIENTAI:
- 2 puodeliai grybų; supjaustyti
- 1 puodelis cukinijos; plonais griežinėliais
- 1 puodelis geltonojo moliūgo; plonais griežinėliais
- ½ puodelio žaliųjų svogūnų; plonais griežinėliais
- ¼ puodelio sauso raudonojo vyno
- 1 puodelis pomidorų; susmulkintos sėklos
- ½ arbatinio šaukštelio česnako miltelių
- ¼ arbatinio šaukštelio svogūnų miltelių
- 1 skardinė (14 uncijų) artišokų širdelių; nusausinti ir stambiai supjaustyti
- 1 pakuotė (10 uncijų) šaldytų kapotų špinatų; atšildyti, nusausinti ir išspausti sausai
- 1 puodelis rikotos sūrio be riebalų
- ½ puodelio (2 uncijos) nugriebto mocarelos sūrio; susmulkinti
- ¼ puodelio (1 uncija) šviežio parmezano sūrio; tarkuotų
- 3 didelių kiaušinių baltymų; lengvai sumuštas
- 1 didelis kiaušinis
- 1¼ puodelio Polenta
- ½ puodelio raudonųjų paprikų; susmulkinti
- ¼ puodelio šviežių petražolių; susmulkinti
- 1 arbatinis šaukštelis raudonėlio; džiovinti
- ¾ arbatinio šaukštelio druskos
- ½ arbatinio šaukštelio baziliko; džiovinti
- ¼ arbatinio šaukštelio pipirų
- 4 puodeliai Vandens
- ¼ puodelio (1 uncija) šviežio parmezano sūrio; tarkuotų
- Virimo purškalas

INSTRUKCIJOS:

a) Norėdami paruošti špinatų įdarą: įkaitinkite orkaitę iki 350 0 F. Didelėje neprideginčioje keptuvėje sumaišykite pirmuosius penkis ingredientus; gerai išmaišykite. Virkite ant vidutinės ir stiprios ugnies 7 minutes arba tol, kol daržovės suminkštės ir skystis beveik išgaruos.

b) Šaukštas į dubenį; įmaišykite smulkintus pomidorus, česnako miltelius, svogūnų miltelius, artišokus ir špinatus. Sumaišykite likusius ingredientus mažame dubenyje; gerai išmaišykite. Pridėti į grybų mišinį; gerai išmaišykite. Atidėti.

c) Žolelių polenta paruošimas: dideliame puode sumaišykite pirmuosius 7 ingredientus.

d) Palaipsniui pilkite vandenį, nuolat maišydami šluotele. Užvirinkite; sumažinkite šilumą iki vidutinės. Virkite 15 minučių, dažnai maišydami. Įmaišykite parmezano sūrį. Supilkite polentą į 10 colių spyruoklinę formą, padengtą kepimo purškalu, tolygiai paskirstydami.

e) Norėdami užbaigti receptą: špinatų įdarą užtepkite ant žolelių polentos. Ant viršaus uždėkite 1 puodelį (¼ colio storio) pomidorų griežinėlių; pabarstykite ½ puodelio (2 uncijos) susmulkinto, nugriebto mocarelos sūrio. Padėkite skardą ant kepimo skardos.

f) Kepkite neuždengtą 350 laipsnių F temperatūroje 1 valandą arba tol, kol sustings.

g) Leiskite atvėsti ant grotelių 10 minučių. Supjaustykite į 8 skilteles ir patiekite su mažai natrio turinčiu spagečių padažu.

64. Česnakai Florencijos saldžiosios bulvės

Padaro: 4 porcijos

INGRIDIENTAI:
- 4 saldžiosios bulvės
- 2, 10 uncijų špinatų pakuotės
- 1 valgomasis šaukštas alyvuogių aliejaus
- 1 askaloninis česnakas, susmulkintas
- 2 skiltelės česnako, susmulkintos
- 6 saulėje džiovinti pomidorai, supjaustyti kubeliais
- ¼ arbatinio šaukštelio druskos
- ¼ arbatinio šaukštelio juodųjų pipirų
- ¼ arbatinio šaukštelio raudonųjų pipirų dribsnių
- ½ puodelio nugriebto rikotos sūrio

INSTRUKCIJOS:
a) Paruoškite orkaitę įkaitindami iki 400 laipsnių pagal Farenheitą.
b) Batatus susmeigę šakute dėkite ant paruoštos kepimo skardos.
c) Kepkite 45-60 minučių, kol bulvės iškeps. Palikite laiko atvėsti.
d) Peiliu perpjaukite bulves per vidurį ir šakute supurtykite bulvių minkštimą, tada atidėkite į šalį.
e) Keptuvėje ant vidutinės ugnies įkaitinkite aliejų. Virkite 3 minutes, kol askaloniniai česnakai suminkštės.
f) Virkite dar 30 sekundžių, kol česnakas taps aromatingas.
g) Sumaišykite nusausintus špinatus, pomidorus, druską, juoduosius pipirus ir raudonųjų pipirų dribsnius. Virkite dar 2 minutes.
h) Nukelkite nuo ugnies ir palikite atvėsti.
i) Į špinatų mišinį įmaišykite rikotos sūrį.
j) Patiekite špinatų mišinį ant padalintų saldžiųjų bulvių.

65. Burokėlių ir miežių risotto

Gamina: 6

INGRIDIENTAI

- 2 raudoni arba geltoni burokėliai (iš viso apie 1½ svaro) arba 1½ svaro burokėlių, stiebai ir lapai rezervuoti
- Pirmo spaudimo alyvuogių aliejus
- Košerinė druska
- 10 stiklinių vištienos sultinio
- 2 šaukštai nesūdyto sviesto
- 1 puodelis malto geltonojo svogūno (apie 1 vidutinis svogūnas)
- 2 skiltelės česnako, susmulkintos
- 2 puodeliai perlinių miežių
- ½ puodelio sauso baltojo vyno (tokio kaip sauvignon blanc arba pinot grigio)
- ¼ puodelio crème fraîche
- 2 arbatinius šaukštelius raudonojo vyno acto
- Šviežiai malti juodieji pipirai
- ¼ svaro ricotta salata sūrio, tarkuoto

INSTRUKCIJOS

a) Paruoškite burokėlius. Įkaitinkite orkaitę iki 425 ° F. Stiebus ir žalumynus (lapus) kruopščiai nuplaukite. Smulkiai supjaustykite stiebus ir stambiai supjaustykite lapus, laikykite juos atskirai. Nupjaukite svogūnėlių stiebų galus; gerai nuplaukite svogūnėlius po šaltu vandeniu.

b) Burokėlius pakepinkite ir sutarkuokite. Mažoje kepimo formoje išdėliokite burokėlių svogūnėlius. Įpilkite tiek vandens, kad jis būtų iki pusės burokėlių kraštų. Apšlakstykite alyvuogių aliejumi ir gausiai pagardinkite druska. Uždenkite kepimo indą aliuminio folija ir sandariai uždarykite. Skrudinkite 1 valandą arba kol suminkštės, kai pradursite šakute. Kai pakankamai atvės, kad galėtumėte tvarkyti, bet vis dar šilta, popieriniu rankšluosčiu ir pirštais švelniai nuvalykite burokėlių odelę; išmeskite odeles. Burokėlius stambiai sutarkuokite dėžute. Atidėti.

c) Išvirkite burokėlių žalumynus. Kol burokėliai kepa, puodą pasūdyto vandens įkaitinkite iki virimo. Suberkite susmulkintus burokėlių žalumynus (lapelius) ir virkite 4–6 minutes, kol suminkštės. Perkelkite į smulkaus tinklelio sietelį, kad nuvarvėtų; šaukštu nuspauskite žalumynus, kad išsiskirtų kuo daugiau skysčio. Atidėti.

d) Pašildykite sultinį ir pakaitinkite aromatines medžiagas. Puode ant vidutinės ugnies įkaitinkite vištienos sultinį. Išjunkite šilumą. Dideliame puode su aukštais kraštais įkaitinkite 2 šaukštus alyvuogių aliejaus ir 1 šaukštą sviesto ant vidutinės arba silpnos ugnies, kol sviestas ištirps. Sudėkite svogūną, česnaką ir burokėlių stiebus ir pagardinkite druska. Virkite, retkarčiais pamaišydami, 3–5 minutes, kol suminkštės ir kvapnūs, bet neparus.

e) Paskrudinkite miežius. Sudėkite miežius. Virkite, retkarčiais pamaišydami, 4–6 minutes, kol miežiai pradės šiek tiek pūsti. Įpilkite vyno ir virkite, dažnai maišydami, nuo 30 sekundžių iki 1 minutės, kol susigers. Pagardinkite druska ir išmaišykite, kad susimaišytų.

f) Pridėkite atsargų. Įpilkite 2 puodelius sultinio ir virkite, dažnai maišydami, 8–10 minučių, kol susigers didžioji dalis skysčio. Pakartokite su likusiais 8 puodeliais sultinio, įpildami sultinio po 2 puodelius vienu metu ir maišykite, kol didžioji dalis skysčio susigers prieš kiekvieną įpylimą, iš viso 22–28 minutes.

g) Užbaikite rizotą. Įdėkite tarkuotų burokėlių ir virkite, dažnai maišydami, 2–3 minutes, kol gerai susimaišys. Suberkite burokėlių žalumynus ir pagardinkite druska. Kepkite, dažnai maišydami, nuo 30 sekundžių iki 1 minutės, kol sušils. Įpilkite crème fraîche, likusį 1 šaukštą sviesto ir acto. Virkite nuolat maišydami 2–3 minutes, kol gerai susimaišys ir sutirštės. Nukelkite nuo ugnies. Pagardinkite druska ir pipirais. Perkelkite į serviravimo indą, apibarstykite sūriu ir patiekite.

66. Vištienos, mėlynių, rikotos ir braškių salotos

Gamina: 2

INGRIDIENTAI:
- 1 puodelis keptos vištienos
- ½ puodelio braškių
- 1 puodelis salotų
- ½ puodelio mėlynių
- ½ puodelio supjaustytos rikotos

APRENGIMAS:
- 1 valgomasis šaukštasalyvuogiųaliejus arbaavokadasAlyva
- 1 valgomasis šaukštas šviežių citrinų sulčių
- žiupsnelis juodųjų pipirų
- žiupsnelis jūros druskos

INSTRUKCIJOS:
a) Sumaišykite visus ingredientus, išskyrus salotas, ir patiekite ant salotų lovos.

67. Karčiai saldžios granatų salotos

Padaro: 1-2 porcijos

INGRIDIENTAI:
APRENGIMAS:
- 2 šaukštai citrinos sulčių
- ½ puodelio kraujo apelsinų sulčių
- ¼ puodelio klevų sirupo

SALOTOS:
- ½ puodelio šviežiai pjaustytų kopūstų mikrožalumynų
- 1 mažas radikas, suplėšytas kąsneliais
- ½ puodelio purpurinio kopūsto, plonais griežinėliais
- ¼ mažo raudonojo svogūno, smulkiai supjaustyto
- 3 ridikėliai, supjaustyti plonomis riekelėmis
- 1 kraujo apelsinas, nuluptas, be kauliukų ir suskirstytas į segmentus
- druskos ir pipirų pagal skonį
- ⅓ puodelio rikotos sūrio
- ¼ puodelio kedro riešutų, skrudintų
- ¼ puodelio granatų sėklų
- 1 valgomasis šaukštas alyvuogių aliejaus

INSTRUKCIJOS:
APRENGIMAS:
a) Lengvai troškinkite visus padažo ingredientus 20-25 minutes.
b) Prieš patiekdami leiskite atvėsti.

SALOTOS:
c) Maišymo dubenyje sumaišykite radicchio, kopūstus, svogūnus, ridikėlius ir mikrožalumynus.
d) Švelniai apibarstykite druska, pipirais ir alyvuogių aliejumi.
e) Ant patiekimo lėkštės išbarstykite mažytį šaukštelį rikotos sūrio.
f) Ant viršaus apibarstykite pušies riešutais ir granatų sėklomis ir apšlakstykite kraujo apelsinų sirupu.

68. Ricotta su lapiniais kopūstais, granatais ir kaštonais

Gamina: 4

INGRIDIENTAI:
- 200 g lapinių kopūstų, nuskintų ir nuplautų
- 200 g virtų kaštonų, grubiai pjaustytų
- 250 g rikotos sūrio
- 2 arbatiniai šaukšteliai granatų melasos
- ½ granato sėklos
- Alyvuogių aliejus
- Druska

INSTRUKCIJOS:
a) Didelėje keptuvėje pasūdytame verdančio vandens kopūstus blanširuokite 3–4 minutes, tada atgaivinkite lediniame vandenyje.
b) Kai atvės, nusausinkite ir padėkite į vieną pusę.
c) Švelniai pakepinkite kaštonus šlakelyje alyvuogių aliejaus keletą minučių, tada pridėkite blanširuotus kopūstus, kad jie vėl pašildytų.
d) Atskiroje keptuvėje švelniai pašildykite rikotą.
e) Patiekdami padėkite šiltą rikotą ant serviravimo lėkštės dugno, o ant viršaus uždėkite karštų kaštonų ir lapinių kopūstų.
f) Apibarstykite granatų melasa ir pabarstykite šviežiomis sėklomis.

69. Ricotta įdaryti kriauklės

INGRIDIENTAI:

- 1 dėžutė didelių makaronų lukštų
- 15 uncijų. Rikotos sūris
- 1 puodelis kapotų špinatų
- 1 skiltelė česnako, susmulkinta
- 1/2 puodelio tarkuoto parmezano sūrio
- 2 puodeliai marinara padažo
- Druskos ir pipirų

INSTRUKCIJOS

Įkaitinkite orkaitę iki 375 ° F.

Išvirkite makaronų lukštus pagal pakuotės instrukcijas.

Dubenyje sumaišykite rikotos sūrį, špinatus, česnaką, parmezano sūrį, druską ir pipirus.

Kiekvieną lukštą įdarykite rikotos mišiniu ir sudėkite į kepimo indą.

Lukštus užpilkite marinaros padažu.

Uždenkite folija ir kepkite 30 minučių.

Nuimkite foliją ir kepkite dar 10-15 minučių, kol viršus taps auksinės spalvos.

70. Rikota ir špinatais įdaryta vištiena

INGRIDIENTAI:

- 4 vištienos krūtinėlės be kaulų, be odos
- 10 oz. šaldytų špinatų, atšildytų ir nusausintų
- 1 puodelis rikotos sūrio
- 1/2 puodelio tarkuoto parmezano sūrio
- 1 skiltelė česnako, susmulkinta
- Druskos ir pipirų
- Alyvuogių aliejus

INSTRUKCIJOS

Įkaitinkite orkaitę iki 375 ° F.

Dubenyje sumaišykite špinatus, rikotos sūrį, parmezano sūrį, česnaką, druską ir pipirus.

Kiekvienoje vištienos krūtinėlėje išpjaukite kišenę ir įdarykite rikotos mišinį.

Vištienos krūtinėlių išorę pagardinkite druska ir pipirais.

Didelėje keptuvėje ant vidutinės-stiprios ugnies įkaitinkite alyvuogių aliejų.

Vištienos krūtinėles apkepkite iš abiejų pusių iki auksinės rudos spalvos.

Vištienos krūtinėles perkelkite į kepimo indą ir kepkite 25-30 minučių arba tol, kol vidinė temperatūra pasieks 165°F.

71. Rikotos ir grybų įdaryti lukštai

INGRIDIENTAI:

- 1 dėžutė didelių makaronų lukštų
- 15 uncijų. Rikotos sūris
- 1 puodelis pjaustytų grybų
- 1/4 puodelio susmulkinto svogūno
- 1 skiltelė česnako, susmulkinta
- 1/2 puodelio tarkuoto parmezano sūrio
- 2 puodeliai marinara padažo
- Druskos ir pipirų

INSTRUKCIJOS

Įkaitinkite orkaitę iki 375 ° F.
Išvirkite makaronų lukštus pagal pakuotės instrukcijas.
Keptuvėje pakepinkite grybus ir svogūnus, kol suminkštės.
Dubenyje sumaišykite rikotos sūrį, grybų mišinį, česnaką, parmezano sūrį, druską ir pipirus.
Kiekvieną lukštą įdarykite rikotos mišiniu ir sudėkite į kepimo indą.
Lukštus užpilkite marinaros padažu.
Uždenkite folija ir kepkite 30 minučių.
Nuimkite foliją ir kepkite dar 10-15 minučių, kol viršus taps auksinės spalvos.

72. Ricotta ir Pesto įdaryta vištiena

INGRIDIENTAI:

- 4 vištienos krūtinėlės be kaulų, be odos
- 1/2 puodelio rikotos sūrio
- 1/2 puodelio pesto
- Druskos ir pipirų
- Alyvuogių aliejus

INSTRUKCIJOS:

a) Įkaitinkite orkaitę iki 375 ° F.

b) Dubenyje sumaišykite rikotos sūrį ir pesto.
c)
d) Kiekvienoje vištienos krūtinėlėje išpjaukite kišenę ir įdarykite rikotos mišinį.

e) Vištienos krūtinėlių išorę pagardinkite druska ir pipirais.

f) Didelėje keptuvėje ant vidutinės-stiprios ugnies įkaitinkite alyvuogių aliejų.

g) Vištienos krūtinėles apkepkite iš abiejų pusių iki auksinės rudos spalvos.

h) Vištienos krūtinėles perkelkite į kepimo indą ir kepkite 25-30 minučių arba tol, kol vidinė temperatūra pasieks 165°F.

FONDIJAS IR DIPAI

73. **Plytų sūrio panardinimas**

Padaro: 2 porcijos

INGRIDIENTAI:
- 3 uncijos rikotos sūrio
- 3 uncijos šviežiai tarkuoto plytų sūrio
- 3 valgomieji šaukštai šviežių čiobrelių lapų
- 6 uncijos ožkos sūrio
- 1 uncija parmezano kietojo sūrio, šviežiai tarkuoto
- 4 juostelės storai supjaustytos šoninės, išvirtos ir sutrupintos
- Druska ir pipirai, pagal skonį

INSTRUKCIJOS:
a) Paruoškite orkaitę kepimui.
b) Sumaišykite visus ingredientus kepimo inde.
c) Patiekalą pabarstykite parmezano sūriu.
d) Kepkite įkaitintoje orkaitėje 5 minutes arba kol sūris pradės ruduoti ir burbuliuoti.
e) Išimkite iš orkaitės ir nedelsdami patiekite.

74. Fetos ir rikotos sūrio fondiu

Padaro: 4 porcijos

INGRIDIENTAI:
- 3 šaukštai sviesto arba margarino
- 4 uncijos Fetos sūrio 1/2 "kubeliai
- ⅛ arbatinio šaukštelio pipirų, juodųjų
- 1 citrina, sultys iš
- 1 valgomasis šaukštas petražolių, maltų
- 1 puodelis Ricotta sūrio

Kryptys

a) Ištirpinkite sviestą sunkioje 8 colių keptuvėje arba 1 litro puode ant silpnos ugnies.

b) Įpilkite fetos ir rikotos sūrio bei pipirų. Virkite nuolat maišydami ir šiek tiek sutrinkite sūrius, kol jie suminkštės ir pradės burbuliuoti – apie 5 minutes.

c) Įmaišykite citrinos sultis ir, jei norite, papuoškite petražolėmis. Patiekite iš karto; fondiu atvėstant jis praranda skonį.

75. Plytų sūrio panardinimas

Padaro: 2 porcijos

INGRIDIENTAI:
- 3 uncijos rikotos sūrio
- 3 uncijos šviežiai tarkuoto plytų sūrio
- 3 valgomieji šaukštai šviežių čiobrelių lapų
- 6 uncijos ožkos sūrio
- 1 uncija parmezano kietojo sūrio, šviežiai tarkuoto
- 4 juostelės storai supjaustytos šoninės, išvirtos ir sutrupintos
- Druska ir pipirai, pagal skonį

INSTRUKCIJOS:
i) Paruoškite orkaitę kepimui.
j) Sumaišykite visus ingredientus kepimo inde.
k) Patiekalą pabarstykite parmezano sūriu.
l) Kepkite įkaitintoje orkaitėje 5 minutes arba kol sūris pradės ruduoti ir burbuliuoti.
m) Išimkite iš orkaitės ir nedelsdami patiekite.

76. Plakta anakardžių rikota

Padaro: 2 puodeliai

INGRIDIENTAI:
- 2 puodeliai žalių anakardžių
- ¼ puodelio jūros samanų
- ¾ puodelio filtruoto vandens
- 1 arbatinis šaukštelis rejuvelac
- 2 arbatinius šaukštelius šviežių citrinų sulčių
- 2 šaukštai aquafaba
- 1 arbatinis šaukštelis keltų jūros druskos

INSTRUKCIJOS:
a) Į nedidelį dubenį sudėkite anakardžius į filtruotą vandenį. Uždenkite ir per naktį šaldykite.
b) Jūros samanas labai gerai išskalaukite kiaurasamtyje, kol pasišalins visas smėlis ir išnyks vandenyno kvapas. Tada įdėkite jį į vandenį mažame dubenyje. Uždenkite ir per naktį šaldykite.
c) Nusausinkite jūros samanas ir sudėkite į maišytuvo ąsotį su ½ puodelio vandens. Plakite dideliu greičiu 1 minutę arba tol, kol suminkštės. Išmatuokite 2 šaukštus, o likusius pasilikite.
d) Į švarų maišytuvo dubenį sudėkite anakardžius, emulsuotas jūros samanas, rejuvelac, likusį ¼ puodelio vandens ir druską. Maišykite vidutiniu greičiu, naudodami stūmoklį, kad mišinys tolygiai paskirstytų, sustokite ir paleiskite, kol viskas gerai susimaišys.
e) Perkelkite sūrį į 8 colių plonos marlės gabalo centrą. Surinkite kraštus ir suriškite juos į ryšulį.
f) Marlės ryšulį įdėkite į dehidratatorių ir 24 valandas dehidratuokite 90 laipsnių F temperatūroje.
g) Perkelkite sūrį į virtuvinio kombaino dubenį ir plakite, kol masė taps šviesi ir puri.

77. Citriny Ricotta Dip

INGRIDIENTAI:

- 1 puodelis rikotos sūrio
- 2 šaukštai alyvuogių aliejaus
- 2 šaukštai šviežių citrinų sulčių
- 2 skiltelės česnako, susmulkintos
- 1/2 šaukštelio druskos
- 1/4 šaukštelio juodųjų pipirų
- Citrinos žievelė, papuošimui

INSTRUKCIJOS:

Dubenyje sumaišykite rikotos sūrį, alyvuogių aliejų, citrinos sultis, česnaką, druską ir juoduosius pipirus iki vientisos masės. Panardinimą perkelkite į serviravimo indą ir papuoškite citrinos žievele. Patiekite su daržovėmis, krekeriais ar duona.

78. Rikotos pomidorų padažas

INGRIDIENTAI:

- 1 puodelis rikotos sūrio
- 1/2 puodelio pomidorų padažo
- 2 šaukštai tarkuoto parmezano sūrio
- 1 šaukštelis džiovintų raudonėlių
- 1/2 šaukštelio česnako miltelių
- Druska ir pipirai, pagal skonį

INSTRUKCIJOS:

Puode ant vidutinės ugnies pakaitinkite pomidorų padažą. Įpilkite rikotos sūrio, parmezano sūrio, raudonėlio, česnako miltelių, druskos ir pipirų. Virkite 5-7 minutes, retkarčiais pamaišydami, kol padažas įkais ir sūris išsilydys. Patiekite ant makaronų, picos ar ant grotelių keptų daržovių.

79. Skrudinti raudonieji pipirai ir Ricotta Dip

INGRIDIENTAI:
- 1 puodelis rikotos sūrio
- 1/2 puodelio skrudintų raudonųjų paprikų, supjaustytų
- 2 šaukštai alyvuogių aliejaus
- 1 valgomasis šaukštas citrinos sulčių
- 1 skiltelė česnako, susmulkinta
- 1/4 šaukštelio druskos
- 1/4 šaukštelio juodųjų pipirų

INSTRUKCIJOS:
Virtuvės kombainu suplakite rikotos sūrį, skrudintus raudonuosius pipirus, alyvuogių aliejų, citrinos sultis, česnaką, druską ir juoduosius pipirus iki vientisos masės. Panardinimą perkelkite į serviravimo indą ir patiekite su pita traškučiais, krekeriais ar šviežiomis daržovėmis.

80. Žolelių Ricotta Dip

INGRIDIENTAI:

- 1 puodelis rikotos sūrio
- 1 valgomasis šaukštas kapotų šviežių česnakų
- 1 valgomasis šaukštas kapotų šviežių petražolių
- 1 valgomasis šaukštas smulkintų šviežių krapų
- 1/2 šaukštelio česnako miltelių
- 1/4 šaukštelio druskos
- 1/4 šaukštelio juodųjų pipirų

INSTRUKCIJOS:

Dubenyje sumaišykite rikotos sūrį, laiškinius česnakus, petražoles, krapus, česnako miltelius, druską ir juoduosius pipirus, kol gerai susimaišys. Panardinimą perkelkite į serviravimo indą ir patiekite su šviežiomis daržovėmis ar krekeriais.

81. Medaus cinamono Ricotta Dip

INGRIDIENTAI:

- 1 puodelis rikotos sūrio
- 2 šaukštai medaus
- 1 šaukštelis malto cinamono
- 1/4 šaukštelio vanilės ekstrakto
- Žiupsnelis druskos

INSTRUKCIJOS:

Dubenyje sumaišykite rikotos sūrį, medų, cinamoną, vanilės ekstraktą ir druską iki vientisos masės. Panardinimą perkelkite į serviravimo indą ir patiekite su šviežiais vaisiais arba graham krekeriais.

DESERTAS

82. Itališkas artišokų pyragas

Padaro: 8 porcijos

INGRIDIENTAI:
- 3 Kiaušiniai; Sumuštas
- 3 uncijų pakuotės kreminio sūrio su česnakais; Suminkštėjo
- ¾ arbatinio šaukštelio česnako miltelių
- ¼ arbatinio šaukštelio pipirų
- 1½ puodelio mocarelos sūrio, dalis nugriebto pieno; Susmulkinta
- 1 puodelis Ricotta sūrio
- ½ puodelio majonezo
- 14 uncijų skardinė artišokų širdelių; Nusausintas
- 8 uncijos Can Garbanzo pupelių, konservuotų; Išskalauti ir nusausinti
- 2¼ uncijos skardinės pjaustytų alyvuogių; Nusausintas
- 2 uncijos stiklainis Pimientos; Supjaustyti kubeliais ir nusausinti
- 2 šaukštai petražolių; Nukirpta
- 1 pyrago pluta (9 coliai); Neiškeptas
- 2 maži pomidorai; Supjaustyta

INSTRUKCIJOS:

a) Dideliame dubenyje sumaišykite kiaušinius, grietinėlės sūrį, česnako miltelius ir pipirus.

b) Maišymo dubenyje sumaišykite 1 puodelį mocarelos sūrio, rikotos sūrio ir majonezo.

c) Maišykite, kol viskas gerai susimaišys.

d) 2 artišokų širdeles perpjaukite per pusę ir atidėkite į šalį. Susmulkinkite likusias širdeles.

e) Sumaišykite sūrio mišinį su kapotomis širdelėmis, garbanzo pupelėmis, alyvuogėmis, pimientos ir petražolėmis. Užpildykite tešlos kevalą mišiniu.

f) Kepkite 30 minučių 350 laipsnių temperatūroje. Ant viršaus reikia pabarstyti likusį mocarelos sūrį ir parmezaną.

g) Kepkite dar 15 minučių arba kol sustings.

h) Palikite 10 minučių pailsėti.

i) Ant viršaus išdėliokite pomidorų griežinėlius ir ketvirčiais supjaustytas artišokų širdeles.

83. <u>Kreminis Ricotta pyragas</u>

Gamina: 6

INGRIDIENTAI:

- 1 parduotuvėje pirkta pyrago pluta
- 1 ½ svaro rikotos sūrio
- ½ puodelio maskarponės sūrio
- 4 plakti kiaušiniai
- ½ stiklinės baltojo cukraus
- 1 valgomasis šaukštas brendžio

INSTRUKCIJOS:

a) Įkaitinkite orkaitę iki 350 laipsnių pagal Farenheitą.

b) Sumaišykite visus įdaro ingredientus maišymo dubenyje. Tada supilkite mišinį į plutą.

c) Įkaitinkite orkaitę iki 350 ° F ir kepkite 45 minutes.

d) Prieš patiekdami pyragą laikykite šaldytuve bent 1 valandą.

84. Rožių pieno pyragas

Gamina: 6

INGRIDIENTAI:
- 15 uncijų riebaus rikotos sūrio
- ½ stiklinės cukraus
- 2 arbatiniai šaukšteliai universalių miltų
- 1 arbatinis šaukštelis malto kardamono
- ½ arbatinio šaukštelio kario miltelių
- 1 arbatinis šaukštelis rožių esencijos
- 3 dideli kiaušiniai, kambario temperatūros
- 2 arba 3 lašai raudonų natūralių maistinių dažų

INSTRUKCIJOS:
a) Dideliame dubenyje kruopščiai sumaišykite rikotą, cukrų, miltus, kardamoną, karį ir rožių esenciją.
b) Po vieną įmuškite kiaušinius.
c) Supilkite tešlą į paruoštą keptuvę. Į mišinį įpilkite maistinių dažų.
d) Padėkite keptuvę ant stovo į greitąjį puodą ir uždenkite popieriniu rankšluosčiu.
e) Įkaitinkite orkaitę iki 400 ° F ir kepkite 40 minučių aukštu slėgiu.
f) Prieš patiekdami pyragą maždaug valandą leiskite atvėsti ant stalo.

85. Sūrio pyragas

Gamina: 4

INGRIDIENTAI:
- 1 svaras Ricotta sūrio
- 1 svaras grietinėlės sūrio
- 1 pakelis grietinės
- ¼ svaro sviesto
- 4 kiaušiniai
- 1½ stiklinės cukraus
- 3 šaukštai citrinos sulčių
- 3 šaukštai miltų
- 3 šaukštai kukurūzų krakmolo
- 3 arbatiniai šaukšteliai vanilės

INSTRUKCIJOS:

a) Sumaišykite 4 kiaušinius po vieną.

b) Įpilkite 1½ puodelio cukraus, 3 šaukštus citrinos sulčių, 3 šaukštus miltų, 3 šaukštus kukurūzų krakmolo ir 3 arbatinius šaukštelius vanilės.

c) Gerą spyruoklinę formą ištepkite riebalais, padenkite keptuvę graham duonos trupiniais ir kepkite 1 valandą 350 laipsnių F temperatūroje.

d) Išjunkite orkaitę ir palikite orkaitėje dar 1 valandą.

e) Prieš nuimdami šoną, visiškai atvėsinkite. Palikite apačią.

86. Ricotta Gelato

Gamina: 4

INGRIDIENTAI:
- 2 puodeliai pieno
- 5 kiaušinių tryniai
- 1 puodelis cukraus
- 1 puodelis riebios grietinėlės
- 1 ½ puodelio rikotos sūrio
- 1 arbatinis šaukštelis vanilės ekstrakto

INSTRUKCIJOS:

a) Puode sumaišykite pieną su cukrumi ir kiaušinių tryniais ir virkite ant silpnos ugnies 5–10 minučių, kol sutirštės ir apskrus šaukšto nugarėlė.

b) Nukelkite nuo ugnies ir leiskite atvėsti iki kambario temperatūros. Įmaišykite riebią grietinėlę, rikotą ir vanilę, tada perkelkite mišinį į ledų gaminimo aparatą. Užšaldykite pagal gamintojo pateiktas instrukcijas.

87. Ricotta želato su gervuogių padažu

Padaro: 1 porcija

INGRIDIENTAI:
DĖL GELATO
- 1¼ puodelio Pusė su puse
- 1¼ puodelio Pieno
- 16 uncijų nenugriebto pieno rikota
- ½ stiklinės cukraus
- 3 colių cinamono lazdelė
- 2 colių juostelė citrinos žievelės
- 2 šaukštai šviesaus kukurūzų sirupo
- ¼ arbatinio šaukštelio vanilės

GERDUOGŲ PADAŽUI
- 1 puodelis Cukraus
- ¼ puodelio vandens
- 2 puodeliai gervuogių
- 1 valgomasis šaukštas šviežių citrinų sulčių
- 1 arbatinis šaukštelis Creme de cassis
- 1 mango; be kauliukų, nulupti ir supjaustyti kubeliais papuošimui
- Gervuogės garnyrui

INSTRUKCIJOS:

a) Paruoškite želatą: Puode išplakite pusantros, pieną, rikotą ir cukrų, įdėkite cinamono lazdelę ir maišydami užvirinkite. Nukelkite keptuvę nuo ugnies, suberkite žievelę ir palikite mišinį uždengę 10 minučių pastovėti. Pertrinkite mišinį per smulkų sietelį, padėtą ant dubens, ir įmaišykite kukurūzų sirupą bei vanilę.

b) Atvėsinkite mišinį, uždengtą, kol atvės ir užšaldykite ledų šaldiklyje pagal gamintojo nurodymus. Glaudžiai supakuokite želatą į šešias ½ puodelio dariole ar kitas formas, kiekvieną formą uždenkite plastikine plėvele ir užšaldykite želatą 30 minučių arba tol, kol ji bus paruošta patiekti.

c) Paruoškite gervuogių padažą: Sunkiame puode ant vidutinės ugnies, maišydami šakute, ištirpinkite cukrų ir virkite sirupą, retkarčiais pasukdami keptuvę, kol jis taps auksinės spalvos karamele. Dirbdami atsargiai ir greitai, įmaišykite vandenį, gervuoges, citrinos sultis ir creme de cassis (mišinys pradės burbuliuoti), maišykite, kol mišinys gerai susimaišys, ir virkite mišinį ant vidutinės ugnies, kol karamelė ištirps. . Mišinį perkoškite per smulkų sietelį, padėtą ant dubens, stipriai paspausdami kietąsias medžiagas, ir uždengtą padažą atvėsinkite, kol atvės.

d) Padažą padalinkite į 6 desertines lėkštes, išpjaukite želato formą ir išdėliokite lėkščių centre. Kiekvieną porciją papuoškite mangais ir gervuogėmis.

88. Žolelių pyragas

Gamina: 4

INGRIDIENTAI
- 2 šaukštai alyvuogių aliejaus ir papildomai užtepti tešlą
- 1 didelis svogūnas, supjaustytas
- 1 svaras / 500 g šveicariškas mangoldas, stiebai ir lapai smulkiai susmulkinti, bet laikomi atskirai
- 5 uncijos / 150 g salierų, plonais griežinėliais
- 1¾ uncijos / 50 g žalio svogūno, supjaustyto
- 1¾ uncijos / 50 g rukolos
- 1 uncija / 30 g plokščialapių petražolių, susmulkintų
- 1 uncija / 30 g mėtų, susmulkintų
- ¾ uncijos / 20 g krapų, susmulkintų
- 4 uncijos / 120 g anari arba rikotos sūrio, sutrupinto
- 3½ uncijos / 100 g brandinto Čedaro sūrio, tarkuoto
- 2 uncijos / 60 g fetos sūrio, susmulkinto
- nutarkuota 1 citrinos žievelė
- 2 dideli laisvai laikomi kiaušiniai
- ⅓ šaukštelio druskos
- ½ šaukštelio šviežiai maltų juodųjų pipirų
- ½ šaukštelio labai smulkaus cukraus
- 9 uncijos / 250 g filo tešlos

INSTRUKCIJOS

a) Įkaitinkite orkaitę iki 400°F / 200°C. Supilkite alyvuogių aliejų į didelę, gilią keptuvę ant vidutinės ugnies. Sudėkite svogūną ir pakepinkite 8 minutes be rudos spalvos. Sudėkite mangoldų stiebus ir salierą ir toliau kepkite 4 minutes, retkarčiais pamaišydami. Sudėkite mangoldų lapus, padidinkite ugnį iki vidutinės ir virdami maišykite 4 minutes, kol lapai suvys. Sudėkite žalią svogūną, rukolą ir žoleles ir kepkite dar 2 minutes. Nukelkite nuo ugnies ir perkelkite į kiaurasamtį, kad atvėstų.

b) Kai mišinys atvės, išspauskite tiek vandens, kiek galite ir supilkite į maišymo dubenį. Suberkite tris sūrius, citrinos žievelę, kiaušinius, druską, pipirus, cukrų ir gerai išmaišykite.

c) Išklokite filo tešlos lakštą ir sutepkite jį alyvuogių aliejumi. Uždenkite kitu lakštu ir tęskite taip pat, kol susidarys 5 sluoksniai filo, ištepti aliejumi, pakankamai didelį plotą, kad būtų galima iškloti 8½ colio / 22 cm pyrago indo šonus ir dugną, taip pat papildomai pakabinti virš krašto. . Pyrago formą išklokite tešla, užpildykite žolelių mišiniu ir užlenkite tešlos perteklių ant įdaro krašto, apkarpydami tešlą, kad susidarytų ¾ colio / 2 cm kraštelis.

d) Padarykite kitą 5 filo sluoksnių rinkinį, suteptą aliejumi, ir padėkite juos ant pyrago. Tešlą šiek tiek pabraukite, kad susidarytų banguotas, nelygus viršus, ir nupjaukite kraštus taip, kad jis tiesiog padengtų pyragą. Gausiai aptepkite alyvuogių aliejumi ir kepkite 40 minučių, kol filo taps gražiai auksinės spalvos. Išimkite iš orkaitės ir patiekite šiltą arba kambario temperatūros.

89. Burekas

Gamina: 18 MAŽŲ KENKINIŲ

INGRIDIENTAI
- 1 svaro / 500 g geriausios kokybės sviesto sluoksniuota tešla
- 1 didelis laisvai laikomas kiaušinis, sumuštas

RICOTTA ĮDALIS
- ¼ puodelio / 60 g varškės
- ¼ puodelio / 60 g rikotos sūrio
- ⅔ puodelio / 90 trupinto fetos sūrio
- 2 šaukšteliai / 10 g nesūdyto sviesto, lydytas

PECORINO ĮDALIS
- 3½ šaukšto / 50 g rikotos sūrio
- ⅔ puodelio / 70 g tarkuoto brandinto pecorino sūrio
- ⅓ puodelio / 50 g tarkuoto brandinto Čedaro sūrio
- 1 poras, supjaustytas 2 colių / 5 cm segmentais, blanširuotas, kol suminkštės, ir smulkiai supjaustytas (¾ puodelio / iš viso 80 g)
- 1 valgomasis šaukštas susmulkintų plokščialapių petražolių
- ½ šaukštelio šviežiai maltų juodųjų pipirų

SĖKLOS
- 1 šaukštelis nigelos sėklų
- 1 šaukštelis sezamo sėklų
- 1 šaukštelis geltonųjų garstyčių sėklų
- 1 šaukštelis kmynų
- ½ šaukštelio čili dribsniai

INSTRUKCIJOS

a) Tešlą iškočiokite į du 12 colių / 30 cm kvadratus, kurių kiekvienas yra ⅛ colio / 3 mm storio. Tešlos lakštus dėkite ant kepimo popieriumi išklotos skardos – jie gali gulėti vienas ant kito, o tarp jų – pergamento lakštą – ir palikite šaldytuve 1 val.

b) Kiekvieną įdaro ingredientų rinkinį sudėkite į atskirą dubenį. Išmaišykite ir atidėkite. Sumaišykite visas sėklas dubenyje ir atidėkite.

c) Kiekvieną tešlos lakštą supjaustykite į 4 colių / 10 cm kvadratus; iš viso turėtumėte gauti 18 kvadratų. Pirmąjį įdarą tolygiai paskirstykite per pusę kvadratų, šaukštu uždėkite ant kiekvieno kvadrato vidurio. Du gretimus kiekvieno kvadrato kraštus aptepkite kiaušiniu ir perlenkite kvadratą per pusę, kad susidarytų trikampis. Išstumkite orą ir tvirtai suspauskite šonus. Kraštelius norisi labai gerai prispausti, kad gaminant neatsidarytų. Pakartokite su likusiais tešlos kvadratėliais ir antruoju įdaru. Dėkite ant kepimo popieriumi išklotos skardos ir šaldykite šaldytuve bent 15 minučių, kad sutvirtėtų. Įkaitinkite orkaitę iki 425°F / 220°C.

d) Aptepkite du trumpus kiekvieno tešlos kraštus kiaušiniu ir pamerkite šiuos kraštus į sėklų mišinį; tereikia nedidelio kiekio sėklų, vos ⅙ colio / 2 mm pločio, nes jos gana dominuoja. Kiekvieno pyrago viršų taip pat patepkite kiaušiniu, vengdami sėklų.

e) Įsitikinkite, kad pyragaičiai yra maždaug 1¼ colio / 3 cm atstumu vienas nuo kito. Kepkite nuo 15 iki 17 minučių, kol viskas bus auksinės rudos spalvos. Patiekite šiltą arba kambario temperatūros. Jei kepimo metu dalis įdaro išsiliejo iš pyragų, švelniai įdėkite jį atgal, kai jie pakankamai atvės, kad galėtumėte juos apdoroti.

90. Mutabbaq

Gamina: 6

INGRIDIENTAI
- ⅔ stiklinės / 130 g nesūdyto sviesto, lydyto
- 14 filo tešlos lakštų, 12 x 15½ colio / 31 x 39 cm
- 2 puodeliai / 500 g rikotos sūrio
- 9 uncijos / 250 g minkšto ožkos pieno sūrio
- sutrintų nesūdytų pistacijų, papuošti (nebūtina)
- SIRUPAS
- 6 šaukštai / 90 ml vandens
- suapvalinti 1⅓ puodeliai / 280 g labai smulkaus cukraus
- 3 šaukštai šviežiai spaustų citrinų sulčių

INSTRUKCIJOS

a) Įkaitinkite orkaitę iki 450°F / 230°C. Maždaug 11 x 14½ colio / 28 x 37 cm dydžio kepimo skardą su sekliais kraštais ištepkite ištirpintu sviestu. Ant viršaus paskleiskite filo lakštą, sukiškite jį į kampus ir leiskite kraštams pakibti. Viską aptepkite sviestu, ant viršaus uždėkite kitą lakštą ir vėl patepkite sviestu. Kartokite procesą, kol tolygiai sudėsite 7 lakštus, kurių kiekvienas išteptas sviestu.

b) Rikotos ir ožkos pieno sūrį suberkite į dubenį ir sutrinkite šakute, gerai išmaišykite. Paskleiskite ant viršutinio filo lapo, palikdami ¾ colio / 2 cm laisvos aplink kraštą. Sūrio paviršių aptepkite sviestu ir ant viršaus uždėkite likusius 7 filo lakštus, kiekvieną iš eilės aptepdami sviestu.

c) Žirklutėmis nupjaukite maždaug ¾ colio / 2 cm nuo krašto, bet nepasiekdami sūrio, kad jis gerai išliktų kepinyje. Pirštais švelniai pakiškite filo kraštus po tešla, kad gautumėte tvarkingą kraštą. Viską sutepkite daugiau sviesto. Aštriu peiliu supjaustykite paviršių maždaug 2¾ colio / 7 cm kvadratais, kad peilis beveik pasiektų dugną, bet ne iki galo. Kepkite 25–27 minutes, kol taps auksinės spalvos ir traškūs.

d) Kol tešla kepa, paruoškite sirupą. Į nedidelį puodą supilkite vandenį ir cukrų ir gerai išmaišykite mediniu šaukštu. Uždėkite ant vidutinės ugnies, užvirinkite, supilkite citrinos sultis ir švelniai troškinkite 2 minutes. Nukelkite nuo ugnies.

e) Išėmus iš orkaitės pyragą lėtai užpilkite sirupu ir įsitikinkite, kad jis tolygiai įsigers. Palikite 10 minučių atvėsti. Jei naudojate, pabarstykite susmulkintomis pistacijomis ir supjaustykite porcijomis.

91. Citrinų uogų tiramisu

Padaro: 1 porcija

INGRIDIENTAI:
- ⅓ puodelio Šaldytų ananasų-apelsinų-braškių sulčių koncentratas, atšildytas
- 3 šaukštai apelsinų skonio likerio arba apelsinų sulčių
- 1 puodelis šviesaus rikotos sūrio
- ½ pakuotės (8 uncijos) 1/3 mažiau riebaus kreminio sūrio (Neufchatel), suminkštinto
- 1 skardinės (15,75 oz.) citrininio pyrago įdaras
- 2 pakuotės (3 oz.) ladyfingers, padalinti
- 1 litras (2 puodeliai) šviežių braškių, supjaustytų griežinėliais
- ½ pintos (1 puodelis) šviežių aviečių

Paruošimo laikas: 25 minutės

INSTRUKCIJOS:
a) Mažame dubenyje sumaišykite sulčių koncentratą ir likerį; gerai išmaišyti. Atidėti.
b) Dideliame dubenyje su elektriniu plaktuvu suplakite rikotos sūrį ir grietinėlės sūrį vidutiniu greičiu iki vientisos masės. Įpilkite pyrago įdaro; plakite, kol gerai susimaišys ir taps puri, retkarčiais nubraukdami dubens šonus.
c) 12x8 colių (2 kvortų) kepimo indo dugną išklokite puse pirštų, pjaunama puse į viršų. Patepkite pirštines puse sulčių koncentrato mišinio.
d) Ant pirštų tolygiai paskleiskite pusę citrinos įdaro. Ant viršaus uždėkite po pusę braškių ir aviečių. Pakartokite sluoksnius. Šaldykite iki patiekimo laiko. Laikyti šaldytuve.

92. Apelsinų kvapo tiramisu

Padaro: 8 porcijos

INGRIDIENTAI:
- 15 kempinės pirštų; iki 16
- 150 mililitrų šviežiai spaustos apelsinų sultys
- 2 šaukštai Cointreau
- 1½ arbatinio šaukštelio natūralaus vanilės ekstrakto
- 1 250 gramų automobilinės rikotos; arba naudokite pusę rikotos, pusę varškės
- 2 šaukštai apelsinų marmelado
- 50 gramų daug kakavos turinčio kieto tamsaus šokolado; tarkuotų

INSTRUKCIJOS:

a) Negilios, stačiakampės (30x18cm) arba ovalios kepimo formos dugną išklokite vienu sluoksniu kempinės pirštelių. (Gali tekti pertraukti keletą per pusę).

b) Sumaišykite apelsinų sultis, Cointreau ir pusę arbatinio šaukštelio vanilės ekstrakto. Po šaukštą šiuo mišiniu apšlakstykite kempinės pirštelius.

c) Virtuviniame kombaine sumaišykite rikotos sūrį, marmeladą ir likusią vanilę. Paragaukite ir pridėkite daugiau marmelado, jei manote, kad jo reikia. Apdorokite, kol mišinys taps vientisas ir purus, tada paskleiskite ant kempinės pirštų.

d) Viršų tolygiai pabarstykite tarkuotu šokoladu ir atvėsinkite, kol prireiks.

93. Šeimos mėgstamiausias tiramisu

Padaro: 4 porcijos

INGRIDIENTAI:
- 1 parduotuvėje pirktas geltonas pyragas arba -- 1 dėžutė "ladyfinger".
- 16 uncijų indelis rikotos sūrio ½ c plius 2 šaukštai cukraus ½ c riebios grietinėlės
- 8 uncijos pusiau saldaus šokolado drožlių
- 1½ c stiprios kavos
- Nesaldinti kakavos milteliai

INSTRUKCIJOS:
a) Įdėkite vidutinį dubenį į šaldiklį. Supjaustykite pyragą ½ colio griežinėliais. Antrame vidutiniame dubenyje sumaišykite rikotą su ½ puodelio cukraus.
b) Išimkite dubenį iš šaldiklio ir supilkite grietinėlę ir plakite elektriniu mikseriu iki standžių smailių. Gumine mentele supilkite plaktą grietinėlę į rikotos mišinį. Sulenkite šokolado drožles.
c) Gilaus stiklinio serviravimo dubenėlio dugną išklokite svarų pyrago griežinėliais, supjaustykite pyragą, kad jis padengtų dugną. Likusį cukrų įmaišykite į kavą. Pamerkite konditerinį teptuką į kavą ir patepkite pyragą, kol jis išmirks.
d) Gumine mentele ¼ rikotos mišinio švelniai paskleiskite pirmąjį pyrago sluoksnį. Ant rikotos mišinio išdėliokite kitą pyrago sluoksnį ir konditeriniu šepetėliu pamirkykite jį kava.
e) Uždenkite pyragą kitu rikotos mišinio sluoksniu. Kartokite, kol turėsite 4 sluoksnius, baigdami rikotos sluoksniu.
f) Uždenkite ir šaldykite mažiausiai 4 valandas. Prieš patiekdami ant viršaus pabarstykite kakavos milteliais.

94. Hershey's Silky kakavinis kremas

Padaro: 8 porcijos

INGRIDIENTAI:
- 1 pakelis Negardinta želatina
- ¼ puodelio šalto vandens
- ½ stiklinės cukraus
- ⅓ puodelio HERSHEY'S kakavos
- ¾ puodelio lieso pieno
- ½ puodelio Neriebaus, nugriebto rikotos sūrio
- 1 arbatinis šaukštelis vanilės ekstrakto
- ½ puodelio be pieno Plaktas užpilas
- Šviežios braškės

INSTRUKCIJOS:

a) Mažame dubenyje pabarstykite želatiną vandeniu; leiskite pastovėti 2 minutes, kad suminkštėtų. Vidutiniame puode sumaišykite cukrų ir kakavą; įmaišykite pieną. Virkite ant vidutinės ugnies, nuolat maišydami, kol mišinys bus labai karštas. Įpilkite želatinos mišinio; maišykite, kol želatina visiškai ištirps; supilkite mišinį į vidutinį dubenį.

b) Blenderyje arba virtuvinio kombaino dubenyje sutrinkite rikotos sūrį ir vanilę iki vientisos masės; įmaišykite į plaktą užpilą.

c) Palaipsniui įmaišykite į kakavos mišinį; iš karto supilkite į 2 puodelių formą. Šaldykite, kol sutvirtės, apie 2-3 valandas. Išformuokite ant serviravimo lėkštės. Patiekite su braškėmis, jei norite.

95. Nutella pudingas

Padaro: 4-6 porcijos

INGRIDIENTAI:
- ½ puodelio nuluptų lazdyno riešutų
- ½ kaušelio vanilės išrūgų baltymų miltelių
- 1 puodelis neriebaus rikotos sūrio
- 1 arbatinis šaukštelis vanilės ekstrakto
- 3 šaukštai kakavos miltelių
- 2 šaukštai stevijos miltelių

INSTRUKCIJOS:

a) Pirmiausia įkaitinkite orkaitę iki 375 laipsnių ir, prieš tęsdami, paskleiskite lazdyno riešutus ant kepimo skardos.

b) Dabar įdėkite šią kepimo skardą į mikrobangų krosnelę maždaug 12 minučių ir leiskite atvėsti.

c) Dabar į maišytuvą sudėkite lazdyno riešutus, steviją, rikotą, kakavą, vanilės baltymų miltelius ir vanilę ir sumaišykite iki vientisos masės.

96. Šaldytas figų sūrio pyragas

Padaro: 12 griežinėlių

INGRIDIENTAI:
- 1 puodelis Graham krekerių trupinių
- 1 puodelis plius 2 šaukštai granuliuoto cukraus
- 4 šaukštai sviesto, lydyto
- 2 stiklinės rikotos sūrio, nusausinto
- 8 uncijos grietinėlės sūrio
- 1 valgomasis šaukštas kukurūzų krakmolo
- 4 dideli kiaušiniai
- 2 arbatiniai šaukšteliai vanilės ekstrakto
- Žiupsnelis druskos
- ⅓ puodelio figų uogienės

INSTRUKCIJOS:

a) Įkaitinkite orkaitę iki 340 ° F (171 ° C). 9 colių (23 cm) spyruoklinės formos vidų apvyniokite aliuminio folija. Apipurkškite nepridegančiu kepimo purškalu ir atidėkite į šalį.

b) Mažame dubenyje sumaišykite graham krekerių trupinius, 2 šaukštus cukraus ir sviestą. Įspauskite į paruoštos keptuvės dugną. Atšaldykite 30 minučių šaldytuve.

c) Į didelį maišymo dubenį sudėkite rikotos sūrį, grietinėlės sūrį, likusį 1 puodelį cukraus ir kukurūzų krakmolą. Gerai išmaišykite elektriniu plaktuvu vidutiniu greičiu. Po vieną įmuškite kiaušinius, plakdami mažu greičiu po kiekvieno pridėjimo. Įpilkite vanilės ekstrakto ir druskos ir plakite mažu greičiu, kol susimaišys.

d) Išimkite plutą iš šaldytuvo. Supilkite tešlą į plutą. Švelniai pasukite figų uogienę į sūrio pyragą, kad gautumėte marmurinį efektą. Įdėkite keptuvę į didesnę karšto vandens keptuvę taip, kad spyruoklinė keptuvė būtų pusiau apsemta.

e) Kepkite nuo 55 minučių iki 1 valandos. Tortas turi sustingti, bet vis tiek šiek tiek susvyruoti. Išimkite iš didesnės vandens puodo ir atvėsinkite ant grotelių, kol pasieks kambario temperatūrą.

f) Sviesto peilį pastumkite aplink vidinį keptuvės kraštą, kad sūrio pyragas atskirtų nuo keptuvės, tada atlaisvinkite išorinę keptuvės dalį. Atšaldykite 1 valandą, o tada užšaldykite 4 valandas. Prieš pjaustydami ir patiekdami leiskite pastovėti kambario temperatūroje 10–15 minučių.

g) Laikymas: Sandariai suvyniotą į plastikinę plėvelę laikyti šaldytuve iki 1 mėnesio.

97. Elzaso sūrio pyragas

Išeiga: 10 porcijų

INGRIDIENTAI:
- 4 stiklinės pyrago miltų
- ⅝ puodelio cukraus
- 2½ lazdelių saldaus sviesto
- 1 visas kiaušinis
- 16 uncijų Fromage blanc ARBA ūkininko sūris ARBA Ricotta sūris
- ¾ puodelio riebios grietinėlės
- 4 dideli kiaušiniai, atskirti
- šlakelis Šviežių citrinų sulčių
- žiupsnelis Šviežių vanilės pupelių sėklų ARBA
- Nuo 2 lašų iki 3 lašų vanilės ekstrakto
- 2 šaukštai Kirsch
- ¾ puodelio iki 1 puodelio cukraus
- ½ arbatinio šaukštelio malto cinamono
- 1 arbatinis šaukštelis vanilės ekstrakto
- Nutarkuota 1/2 citrinos žievelė

INSTRUKCIJOS:
a) TEŠLA: gerai išmaišykite visus ingredientus, neperdirbdami tešlos. Prieš naudojimą leiskite tešlai pailsėti 30 minučių.

b) Įkaitinkite orkaitę iki 375 F. Ant miltais pabarstyto paviršiaus iškočiokite tešlą ir tešla išklokite 9–10 colių skersmens torto/pyragų formos dugną ir šonus.

c) Dubenyje sutrinkite blancą ir grietinėlę; Sudėkite kiaušinių trynius, cukrų, cinamoną, vanilę, kišą ir citrinos žievelę. Kruopščiai išmaišykite iki labai vientisos masės. Kiaušinių baltymus išplakti iki standžių putų ir švelniai įmaišyti į tešlą. Supilkite tešlą į kepimo skardą.

d) Kepkite 40–45 minutes arba tol, kol šiek tiek išsipūs ir paruduos. Tortą visiškai atvėsinkite, tada keletą valandų atvėsinkite prieš pjaustydami.

98. Viduržemio jūros sūrio pyragas

Išeiga: 12 porcijų

INGRIDIENTAI:
- 8 šaldytos filo tešlos lakštai; atšildytas
- ¼ puodelio sviesto; ištirpo
- ¼ puodelio parmezano sūrio; tarkuotų
- ½ stiklinės svogūnų; susmulkinti
- 1 arbatinis šaukštelis šviežio rozmarino; nukirto
- ¼ arbatinio šaukštelio džiovinto rozmarino, susmulkinto)
- 1 valgomasis šaukštas alyvuogių aliejaus
- 5 uncijos šaldytų kapotų špinatų; atšildytas
- ⅓ puodelio skrudintų pušies riešutų arba graikinių riešutų
- 1 Kiaušinis
- 1 puodelis Ricotta sūrio
- ½ puodelio fetos sūrio; subyrėjo
- ¼ puodelio aliejaus pakelio saulėje džiovintų pomidorų; nusausintas
- ¼ arbatinio šaukštelio Stambiai maltų pipirų
- 1 šaukšto parmezano sūrio; tarkuotų

INSTRUKCIJOS:

a) Išskleiskite phyllo; uždenkite plastikine plėvele arba drėgnu rankšluosčiu, kad neišdžiūtų. Ant sauso darbinio paviršiaus uždėkite vieną filo lapą; aptepti sviestu.

b) Ant viršaus uždėkite kitą filo lakštą, aptepkite sviestu ir pabarstykite 1 šaukštu parmezano sūrio. Pakartokite su likusiais filo lakštais, sviestu ir parmezanu. Virtuvinėmis žirklėmis supjaustykite phyllo į 11 colių apskritimą.

c) Į paruoštą keptuvę tolygiai paskleiskite filė, prireikus suglauskite ir būkite atsargūs, kad nesuplėšytumėte filo. Uždenkite keptuvę drėgnu rankšluosčiu; atidėti.

d) Įdarui: svogūnus ir rozmarinus kepkite alyvuogių aliejuje vidutinio dydžio puode, kol svogūnai suminkštės. Įmaišykite špinatus ir pušies riešutus (arba graikinius).

e) Paskleiskite į filo išklotą spyruoklinę formą. Atidėti.

f) Vidutiniame dubenyje lengvai išplakite kiaušinį. Įmaišykite rikotą, fetą, pomidorus ir pipirus. Atsargiai paskirstykite ant špinatų mišinio. Pabarstykite 1 šaukštu parmezano sūrio.

g) Spyruoklinę formą padėkite ant negilios kepimo skardos ant orkaitės grotelių. Kepkite 350 laipsnių orkaitėje 35–40 minučių arba tol, kol sukratęs centras atrodys beveik sustingęs.

h) Atvėsinkite pyragą pavasario formoje ant grotelių 5 minutes. Atlaisvinkite keptuvės šonus. Atvėsinkite dar 15–30 minučių. Prieš patiekdami, nuimkite spyruoklinės formos skardą. Patiekite šiltą.

99. Itališkas artišokų pyragas

Porcijos: 8 porcijos
INGRIDIENTAI:
- 3 Kiaušiniai; Sumuštas
- 1 3 oz pakuotės kreminio sūrio su česnakais; Suminkštėjo
- ¾ arbatinio šaukštelio česnako miltelių
- ¼ arbatinio šaukštelio pipirų
- 1½ puodelio mocarelos sūrio, dalis nugriebto pieno; Susmulkinta
- 1 puodelis Ricotta sūrio
- ½ puodelio majonezo
- 1 14 uncijų skardinės artišokų širdelės; Nusausintas
- ½ 15 oz Can Garbanzo pupelių, konservuotų; Išskalauti ir nusausinti
- 1 2 1/4 uncijos skardinės pjaustytų alyvuogių; Nusausintas
- 1 2 Oz stiklainis Pimientos; Supjaustyti kubeliais ir nusausinti
- 2 šaukštai petražolių; Nukirpta
- 1 pyrago pluta (9 colių); Neiškeptas
- 2 maži pomidorai; Supjaustyta

INSTRUKCIJOS:

a) Dideliame dubenyje sumaišykite kiaušinius, grietinėlės sūrį, česnako miltelius ir pipirus. Maišymo dubenyje sumaišykite 1 puodelį mocarelos sūrio, rikotos sūrio ir majonezo.

b) Maišykite, kol viskas gerai susimaišys.

c) 2 artišokų širdeles perpjaukite per pusę ir atidėkite. Susmulkinkite likusias širdeles.

d) Sumaišykite sūrio mišinį su kapotomis širdelėmis, garbanzo pupelėmis, alyvuogėmis, pimientos ir petražolėmis. Užpildykite tešlos kevalą mišiniu.

e) Kepkite 30 minučių 350 laipsnių temperatūroje. Ant viršaus reikia pabarstyti likusį mocarelos sūrį ir parmezaną.

f) Kepkite dar 15 minučių arba kol sustings.

g) Palikite 10 minučių pailsėti.

h) Ant viršaus išdėliokite pomidorų griežinėlius ir ketvirčiais supjaustytas artišokų širdeles.

i) Tarnauti

100. Rikotos ir pomidorų pyragas

INGRIDIENTAI:

- 1 pyrago pluta
- 1 puodelis rikotos sūrio
- 2 dideli kiaušiniai
- 1/4 puodelio tarkuoto parmezano sūrio
- 1/4 šaukštelio. druskos
- 1/4 šaukštelio. Juodasis pipiras
- 2 dideli pomidorai, supjaustyti
- Švieži baziliko lapeliai

INSTRUKCIJOS:

Įkaitinkite orkaitę iki 375 ° F.

Iškočiokite pyrago plutą ir sudėkite į 9 colių pyrago formą.

Dubenyje sumaišykite rikotos sūrį, kiaušinius, parmezano sūrį, druską ir pipirus.

Supilkite mišinį į pyrago plutą.

Ant rikotos mišinio išdėliokite pomidorų griežinėlius.

Kepkite 35-40 minučių arba kol įdaras sustings.

Prieš patiekdami leiskite atvėsti keletą minučių.

Papuoškite šviežiais baziliko lapeliais.

IŠVADA

Apibendrinant galima pasakyti, kad rikotos sūris yra skanus ir universalus ingredientas, kurį galima naudoti daugelyje receptų. Nesvarbu, ar jums labiau patinka pikantiški patiekalai, pavyzdžiui, lazanija, ar saldūs patiekalai, pavyzdžiui, sūrio pyragas, rikotos sūris gali suteikti jūsų mėgstamiems patiekalams kreminės ir skanios tekstūros. Išbandę kai kuriuos šiame straipsnyje pateiktus rikotos sūrio receptus, galite atrasti naujų būdų, kaip panaudoti šį universalų ingredientą, ir nustebinti savo šeimą bei draugus savo kulinariniais įgūdžiais. Taigi pirmyn ir išbandykite šiuos receptus – jūsų skonio receptoriai jums padėkos!

Ingram Content Group UK Ltd.
Milton Keynes UK
UKHW021149220623
423869UK00009B/41